U0919372

ValueGo 金融科技实验室出品

BIG 大数据与互联网公司估值 III

美国上市公司精选案例分析

DATA and the Valuation of Internet Companies III

Case Analysis of Selected American Public Companies

陈玉罡 鲁济华 等 著

东北财经大学出版社
Dongbei University of Finance & Economics Press
大连

图书在版编目（CIP）数据

大数据与互联网公司估值（III）：美国上市公司精选案例分析 / 陈玉罡，鲁济华等著.
—大连：东北财经大学出版社，2022.1
ISBN 978-7-5654-4370-1

Ⅰ. 大… Ⅱ. ①陈… ②鲁… Ⅲ. 数据处理-应用-网络公司-上市公司-估价-案例-汇编-美国 Ⅳ. F276.44-39

中国版本图书馆CIP数据核字（2021）第219175号

东北财经大学出版社出版发行
大连市黑石礁尖山街217号 邮政编码 116025
网 址：http：//www.dufep.cn
读者信箱：dufep @ dufe.edu.cn
大连永盛印业有限公司印刷

幅面尺寸：170mm×240mm 字数：168千字 印张：12
2022年1月第1版 2022年1月第1次印刷
责任编辑：石真珍 周 晗 责任校对：周小焕
封面设计：冀贵收 版式设计：钟福建
定价：49.00元

教学支持 售后服务 联系电话：（0411）84710309
 举报电话：（0411）84710523
如有印装质量问题，请联系营销部：（0411）84710711

前　言

时光飞逝，我们做大数据与互联网公司估值这件事不知不觉已经四年了。在这四年里我们所做的ValueGo估值机器人也成长很快，从最初的1.0版本不断迭代，每周更新。虽然我们仍然将其定义为2.0版，但实际上已经更新了N个版本了。看过我们前两本书的读者都会知道，我们从2017年AlphaGo横空出世以来，就开启了ValueGo的征程。推出ValueGo时，我们还接受了央视财经频道的采访，《投资者说》节目专门制作了时长20分钟的报道。之后，我因此还结识了参加该节目的很多推崇价值投资的嘉宾。

我一直在大学教书，所教授的课程除了本科的基础课程“财务管理”以外，还教授“财务报表分析与证券定价”这门课。我负责的“财务管理”这门课程2020年已经被教育部高等学校工商管理类专业教学指导委员会列入“金课”建设项目。我希望打造的课程体系叫CAS课程体系。CAS即Course-Aid-Scenario，Course就是传统的课程，Aid是教学工具，Scenario是教学场景。这个CAS是我独创的，就像ValueGo也是我们独创的，不是抄来的。我看到大多数大学课堂还是传统的讲授式教学，缺乏配套的教学工具，也缺乏让学生运用知识的场景，就想改变这种状态。为什么我们不能创造一些配套的教学工具，在将知识教授给学生后，能让学生轻松地运用这些工具去解决现实问题？学生通常没有工作经验，为什么我们不能设计一些场景让学生去体验真实的世界？这就是我想做的。

幸运的是，我在教授“财务报表分析与证券定价”这门课时探索出了这种模式。现在除了在课堂上学习知识以外，学生们还可以运用ValueGo这个工具进行投资分析和投资决策了，而场景就存在于现实之中。目前，我们基于支付宝、理财通、东方财富等平台都很容易创造这种场景。最让我感到高兴的是，我所教授的学生告诉我，他们运用我教授的知识获得了财富，而不是我自己创造了多少财富。如果大家懂得马斯洛的需求层次理论，大家就一定能理解我的需求是“自我实现”，就能理解我为什么愿意去教授这些知识，而不是私藏这些知识。

最后回到本书，这是我们金融科技实验室出版的第三本书了。在这本书里，我们研究的是美国的著名上市公司，比如苹果、Facebook（已更名为Meta）、特斯拉等。我们给读者呈现了美国的互联网格局，以及未来的竞争态势。通过我们的分析，大家会看到很多与媒体报道不同的地方，大家会对美国的互联网公司有一个新的认识。希望大家能喜欢我们的这本书，除了自己阅读，还可以推荐给周围的朋友，毕竟，我们这本书能让你一览美国著名互联网公司的全貌！

需要注意的是，本书中的分析仅供参考，不作为投资建议。投资有风险，入市需谨慎！

本书由陈玉罡教授统筹策划、指导和修改，王镭洁、王秋琪、卢思琳、朱宇萱、鲁济华参与撰写。

由于时间有限，书中难免有误，欢迎各位读者批评指正！

陈玉罡

写于广州

2021年8月

目　录

第1章　Facebook：如何谱写社交网络的传奇

1.1　发展历程：谱写社交网络的传奇

1.1.1　Facebook的传奇发家史

（1）概况

Facebook（已更名为Meta）成立于2004年，是一家美国社交服务网站。2003年，当扎克伯格还是一名哈佛大学计算机科学专业大二的学生时，他在校内撰写并发布了一个名为Facemash的网站。网站以黑客技术攻入学校管理系统内部网站获取大量学生资料，并将门禁卡照片放在网站上以供访问者评价。虽然很快这个网站就被学校管理者勒令关闭，但扎克伯格和他的网站却因此成为学校的“网红”，Facebook也走出了自己火遍全球的第一步。此后，扎克伯格与他的哈佛校友一同完善了网站，并且改名为“The Facebook”。一开始，“The Facebook”网站的会员资格仅限于哈佛大学的学生，后来随着时间的推移，扎克伯格与其团队逐渐把业务拓展到其他学校，最后对所有人开放，并且是实名认证的。此后的Facebook走上了融资扩张的道路，并于2012年5月18日登陆美国纳斯达克市场。疯狂的融资伴随的是公司的快速增长，Facebook创办十几年来全球用户数量不断攀升，估值屡创新高。截至2021年第二季度，Facebook平均日活跃用户数（Daily Active User，DAU）为19.1亿人，月活跃用户数（Monthly Active User，MAU）达到29.0亿人，是全世界最大的社交网络平台。

（2）成功的领导者决策——扎克伯格："我的目标绝不只是创造一家公司"

纵观Facebook一路走来的过程，我们可以看出Facebook一直遵循的理念是：第一，熟人社交，与现实中已经认识的人在网上保持联系；第二，实名制注册并审核，同时保护好用户隐私；第三，令人痴迷的图片功能和简洁的界面设计。Facebook能发展成现如今的规模，很大程度上可以归因于成功的领导者的决策，从本质上来看，是一种坚持用户至上的理念。

最初扎克伯格制作了针对哈佛学生花名单的网站，上面记录了学生的联系方式、社交动态和相关信息。尽管这个网站一开始被学校管理者勒令禁止，这一尝试却让扎克伯格看到了联系整个世界的机会——社交网络。这种社交方式不仅避免了匿名社交带来的激烈言论，也能促进用户间彼此的信任。后来这样的交流方式改成了动态新闻，类似微信的朋友圈，用户发布的所有信息都可以分享给好友，对于好友发送的内容，用户也能够在自己的终端接收。从本质上讲，动态新闻倒转了信息传递的过程，它不是向某人发送一条快讯，用户只需要在Facebook上搜索自己喜欢的东西，Facebook就会基于其强大的算法推荐内容和好友，然后向他们发送相关信息，而在信息接收端的用户，只需要浏览这些人的FB主页。这种网络即时沟通使得用户能够在最短时间内联系最多的好友，仿佛缩短了用户之间的距离。这种模式后来被广泛地应用到社交网络。然而动态新闻当初刚刚使用时，还遭到了公众的攻击。扎克伯格说："我不是在经营一家公司，而是在做一款产品，以用户的体验为上，做出一款以人为本的、帮助人们改善社交的工具。而不是做到一定规模，引入广告赚钱，或者直接卖掉。”简单来说，为提高用户体验而设计产品一直是扎克伯格的初心。对比而言，很多互联网公司要靠广告赚钱，于是页面上出现铺天盖地的广告。当下许多网站都通过出卖用户流量变现，不思提高用户体验的方法，而只想榨取用户身上的最后一丝红利，这样的网站往往最后都会被用户请出资本市场的大门。扎克伯格作为这个时代的目光长远的“野心家”，十分排斥这种舍本逐末的做法。

（3）创新的经济模式——馈赠型经济

扎克伯格最初想要把Facebook打造成一个大规模的馈赠经济模型。他认为，以Facebook多方面的透明性，构建一个大规模的馈赠经济模型也并非天方夜谭。那到底扎克伯格口中的馈赠型经济是什么呢？馈赠型经济简单来说就是你在享受别人分享的同时，不经意间也把自己的经历分享给所有人，而且这些都是建立在免费的基础上的。Facebook的核心在于用户，让所有的新闻都出自用户，用户与朋友们分享自己认为有用或有趣的所思所见所想，朋友们收到信息后又会深入交流并发帖，这样，一种良好的信息交换模式就形成了。

1.1.2 商业版图：通过巨大流量摘下广告界的王冠

（1）通过并购布局商业帝国

Facebook是当今全球最大的社交网络平台，旗下有Facebook、WhatsApp、Messenger、Instagram、Oculus等产品。而除了Facebook，以及在2014年8月将Facebook中通信功能分拆出去的Messenger，其他的重要社交产品几乎都来自收购，见表1-1。

表1-1 Facebook历年来重大收购事件

收购时间	收购企业或产品名称	产品定位
2012年4月	Instagram	图片分享
2012年4月	Face.com	面部识别
2014年2月	WhatsApp	即时通信
2014年3月	Oculus VR	虚拟现实
2015年1月	Wit.ai	语音识别
2020年5月	Giphy	GIF图片
2020年12月	Kustomer	CRM系统

资料来源　根据公开资料整理.

以上仅仅是Facebook庞大收购行动中的冰山一角。截至2021年8月，Facebook已经完成了超百起收购，其主要收购对象是社交领域的高科技企业。可以说，Facebook在商业竞争方面的思路就是，抢占更多用户并收购目标领域有潜力的公司。这种布局模式使得Facebook的商业帝国更为广阔，也让Facebook将足迹留在了社交网络的各个领域。

Facebook并购的动因主要有三个：一是战略扩张；二是笼络人才；三是低位买入。

首先，从战略扩张角度来看，Facebook一直以来对市场竞争秉承的理念是，所有产品在激烈的市场竞争中都会逐渐走向衰败，只有不断进行革新，吸引市场中的新鲜血液才能让自己立于市场而长青不倒。Facebook一直在市场中寻找可能威胁到自己地位的对手，并通过收购的方式将其变为自己的一部分。同时，Facebook也通过并购实现了资源与功能的整合，比如通过并购Oculus让社交进入虚拟现实领域，通过并购以群组聊天见长的Beluga增加自己在群聊和隐私聊天方面的竞争优势。

其次，Facebook十分重视团队人才建设，甚至愿意为一个人才花重金收购一家企业，可谓“千金市马骨”。对Facebook而言，他们愿意支付重金去网罗一切能够给Facebook带来收益的优秀人才。正如Facebook的CEO马克·扎克伯格所言：“我们的每次收购行为，都不是为了去获得那家公司，而是为了去获得公司背后的优秀人才。”2009年，Facebook豪掷5 000万美元收购社交网站FriendFeed，只为获得其员工布雷特的青睐；2010年，Facebook并购只有两个人的小公司Octazen，业内人士普遍认为这是Facebook为猎头人才所进行的又一次收购；2010年3月，Facebook通过收购图片网站Divvyshot获得了属于自己的图片业务产品经理；2010年7月，Facebook又收购了以密友联系业务见长的Hot Potato，然而不久后又将其关闭，其目的只是让其联合创始人贾斯廷·沙夫加盟。由此可见，Facebook将网罗天下英才视作其战略的核心，以至于其并购业务很多时候都是为其人才战略服务。

最后，Facebook收购企业很多时候是看中了企业的未来价值，在低位将其买入。2014年，WhatsApp还是一家小公司，而Facebook敏锐地发现WhatsApp存在巨大的市场空间，市场对于WhatsApp的价值估计存在误区。2014年，Facebook公布将斥巨资140亿美元收购WhatsApp，消息一出瞬时震惊四座。因为WhatsApp在当时的估值只有15亿美元，而Facebook竟然以近十倍的价格收购，在当时被市场上很多人认为是一项失败的并购。但时间很快证明了扎克伯格的眼光，到2017年WhatsApp的平均日活跃用户数就超过了10亿人，成为Facebook全家桶中最赚钱的模块之一。

（2）摘下广告界的王冠

2020年Facebook“全家桶”日活跃用户数量（DAU）达到26亿人，月活跃用户数量（MAU）为33亿人。庞大的用户基数为Facebook网站带来了如同汪洋大海一般的流量，也让Facebook的广告业务发展得顺风顺水。2020年，Facebook的营业收入为859.65亿美元，其中广告收入为841.6亿美元，广告收入占比97.9%，广告收入为公司最主要的收入来源，占比之大使其他业务带来的收入都可以忽略不计。

目前，Facebook的广告服务主要分为六大类，即Canvas Ads（全屏广告）、轮播广告（一款可左右滑动、专门为展商单个产品或者多个电子商务产品量身定制的广告）、页面互动广告（对参与过评论的用户展示）、视频类广告、GIF广告及Stories（短视频广告）。Facebook最主要的广告计价形式是CPC模式（以点击次数进行计费）。对于每一个广告位，Facebook会对所有竞标广告打分，鼓励高质量广告的发布。Facebook会对观看多、评论多的广告进行补贴，而对被关掉次数较多的广告收取更多费用以作为“惩罚”。这样的广告打分和奖惩模式保证了广告的质量，也使得平台能够长久发展。Facebook的广告模式主要还是在页面点击进入广告，但近年来Facebook视频广告的占比逐年上升，主要在于视频广告可以加深用户对商品的印象，提高投资回报率（ROI），所以Facebook正在积极推出视频内容和视频广告。

如今，Facebook开始提高Stories广告的比例，也就是一种类似于TikTok的短视频。相比信息流广告而言，Stories广告通过视频传播，极具创意的素材吸引了更多用户的关注。Facebook2020年第一季度明显增加了Stories广告的投放量，此类广告业务量提升32%，正逐渐完成从信息流广告向短视频广告的转变。Stories处于发展初期，单个广告收费低于传统信息流广告，所以这一季度平均广告单价降低了4%，但从长期来看Stories广告是未来的一大风口，具备提高盈利能力的空间。按照扎克伯格的说法，如果端到端加密的服务贯穿到Facebook旗下的WhatsApp、Messenger、InstagramDM等即时通信业务，那么对广告业务利润的影响非常之大，也就是说，Facebook家族还要寻找其他获利渠道，才能逐渐摆脱对广告的依赖。

（3）其他业务：支付分成以及VR硬件的售卖（Oculus VR）

作为开放平台的互联网企业，许多第三方平台都会基于Facebook开发应用，而付费应用通过Facebook这一平台吸引用户就必然需要将利润与Facebook分成。这些平台包括一般的付费软件和游戏软件，分成比例一般为3∶7。在Facebook平台上充值游戏需要使用平台独有的虚拟货币Credits，这也构成Facebook的一部分收入来源。此外，VR硬件也是Facebook目前盈利的途径之一，但当前规模尚小，无法撼动广告业务的地位。

（4）长期投资项目：试水电商和Libra

Facebook作为最大的实名制社区，可以为商业的各个环节降低交易成本，在互联网广告和电商领域有巨大的空间可以作为。2020年一季度，Facebook在Instagram上初探电商业务，并宣布Marketplace和WhatsApp将推出诸多新购物功能，邀请部分知名品牌开放站内购物、站内支付功能。尽管最终成效有待观察，但基于公司强大的用户群，试水电商业务拥有极低的试错成本。从长远来看，扎克伯格正在将Facebook的商业模式从单纯的广告领域拓展到广泛的商业领域，实现多元化发展。

与电商业务不同，Libra项目却面临极大的不确定性，这会增加Facebook的经营风险。2019年6月，Facebook宣布加入Libra协会，但Libra是基于相对较新且未经验证的技术，围绕基于区块链的支付的法律、法规也尚不确定且不断更新。随着这项计划的发展，Facebook可能会受到美国和国际管辖区的各种法律和法规的约束。在许多管辖区中，这些法律、法规的应用或解释尚不清楚。这些法律和法规以及任何相关的查询或调查，可能会延迟或阻碍Libra货币的发行以及Facebook产品和服务的开发，增加Facebook的运营成本。此外，对Libra的接受程度还是一个未知数。Facebook之前在基于区块链的支付技术方面没有丰富的经验，这可能会对Facebook成功开发和营销这些产品和服务的能力产生不利影响。Facebook也将因加入Libra协会以及相关产品和服务的开发和营销而增加成本，因此Facebook的投资可能不会成功。这些事件均可能对Facebook的业务、声誉或财务业绩造成不利影响。

1.1.3 激情澎湃的企业文化与令人头疼的隐私危机

（1）Facebook的企业文化

在Facebook的官方介绍中一共给出了五条企业文化：Be Bold、Focus on Impact，Move Fast、Be Open以及Build Social Value，Facebook对这五条企业文化进行了逐条分析：

Be Bold，字面上的意思就是大胆创新。这与Facebook的发展史息息相关，因为Facebook本来就是从一家小公司以一个小小的灵感快速成长起来的企业，所以Facebook鼓励员工提出自己的观点，并对其他人的意见表达质疑，让每个人的观点都能发挥出其最大的价值。

Focus on Impact，字面上的意思就是关注影响力。Facebook认为，有很多事情都是可以做的，但时间是有限的。你必须在有限的时间和资源中选出最重要的事情去做，而非把时间浪费在琐碎之事上。

Move Fast，从字面意思理解就是快速行动。互联网时代本身就是一个快速变化的时代，这就要求员工争分夺秒地在市场中抢占先机，以最快的速度解决问题，不要害怕犯错。

Be Open，就是要员工保持开放。Facebook一直标榜自己是充满极客精神的企业，对所有的观点、潮流保持开放态度是Facebook能够在现代化的商业竞争中立于不败之地的法宝之一。Facebook不拘泥于自己的一亩三分地，而是不断扩展自己在社交通信领域的业务范围。从最开始的即时通信，到收购IG后的图片分享，再到收购Oculus之后的虚拟现实，乃至推出的Libra也是学习了中国同行微信所建立的虚拟支付体系。Facebook开放的目光帮助其赶上了一个又一个的风口，也让公司发展成世界上最大的社交通信企业。

Build Social Value，指的是建立社会价值，承担社会责任。基本上所有大型企业的官网上，都会有一个Social Responsibility栏目，介绍企业除了赚钱以外所承担的相应社会责任。良好的社会责任不仅能够为企业赢得社会上的好评，更能让企业进一步发展。扎克伯格说："Facebook公司要建立一个有益于每个人的全球化社区。从长远来看这是正确的方向，对此我毫不怀疑。"近年来，Facebook致力于社区公益，为加州居民建造1 500套住宅，开放Community Help用于灾情期间的救助，凡此种种体现了Facebook想要对外树立良好的社会形象，并承担更多社会责任的企业文化。

（2）隐私危机

2019年7月12日，Facebook接到了50亿美元的天价罚单，Facebook被媒体爆料有超过8 700万用户资料在未得到用户授权的情况下遭第三方数据分析公司Cambridge Analytica非法获取用于大数据分析，从而对用户精准推送广告甚至假新闻，成为Facebook史上最大规模的一次数据泄密事件。近年来，Facebook因为用户隐私泄露的问题频繁被处罚，几乎每年都会因为隐私泄露问题缴纳巨额罚款，2020年一季度报告中甚至直接计提30亿美元的准备金用作FTC罚款，甚至创始人兼CEO扎克伯格也曾因此问题被威胁下台，可以说用户隐私泄露问题已经成为制约Facebook发展的最大障碍。在2019年的年报中，Facebook认为，"安全漏洞、对数据或用户数据的不当访问或披露以及对系统的其他黑客攻击和网络钓鱼攻击或其他网络事件可能会损害其声誉，并对业务产生不利影响"。

2019年3月6日，马克·扎克伯格在Facebook平台撰文，介绍了在成立15周年之际，这家社交网络巨头的未来发展新思路，简单来说，就是——隐私至上。基于此，Facebook提出了五条隐私保护的措施：私下互动（Private Interactions）、加密与安全（Encryption and Safety）、减少永久性（Reducing Permanence）、互操作（Interoperability）、安全数据存储（Secure Data Storage），这就意味着，如果用户不愿意Facebook掌握自己的隐私信息，Facebook将不会或减少储存用户的信息，这一点首先在WhatsApp上得以实现。

在2019年召开的F8开发者大会上，Facebook围绕“隐私保护”主线，对其Facebook、Messenger、WhatsApp、Instagram四大社交平台进行升级。公司为Facebook约会应用Dating推出“暗恋（Secret Crush）”等新功能来提升社交体验，并推出“Clear History”功能，允许用户删除所有在Facebook上的记录，并不允许第三方软件用于数据分析。

此外，用户还可以永远禁止Facebook收集自身数据。公司不断强化社交的私密性，Instagram上线Close Friends List，Facebook上线添加群组权限，WhatsApp上线生物识别锁定功能，这些都是Facebook围绕保护用户信息安全做出的努力。

1.2 狂奔的猛虎还是休憩的巨龙：Facebook业绩分析

1.2.1 收入结构分析

如图1-1所示，自2015年以来Facebook营业收入保持高速增长，势不可挡。Facebook营业收入从2015年的仅179亿美元飙升至2020年的860亿美元。虽然增长率有所下降，但每年Facebook的营业收入增长率一直保持高于20%。如图1-2所示，从各季度情况来看，Facebook季度营业收入总体上呈现上升趋势，各季度营业收入的同比增长率先下降后上升，环比增长率则呈现来回波动的趋势。在2021年第二季度Facebook的营业收入更是创下了290.77亿美元的历史新高，环比增长率为11.10%，同比增长率为55.60%。另外，根据其财报披露，Facebook每年的广告收入都是季节性的。广告收入的季节性影响了其季度业绩，这通常反映为第三季度和第四季度之间广告收入的显著增长以及第四季度和随后的第一季度之间广告收入的下降。

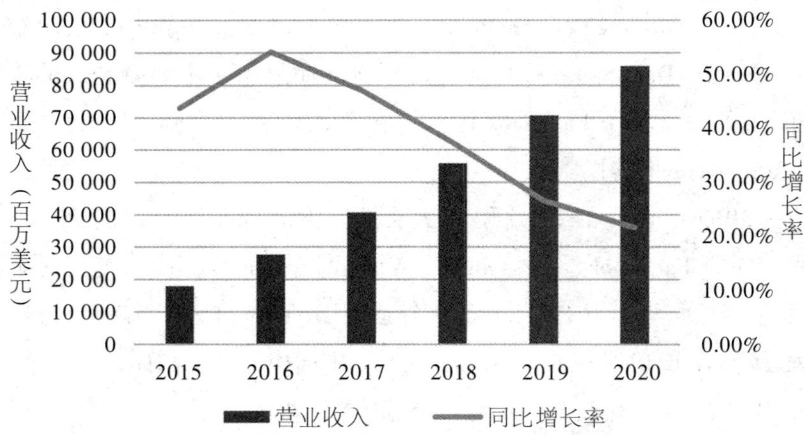

图 1-1 Facebook 历年收入情况

资料来源 Facebook 公司历年年报.

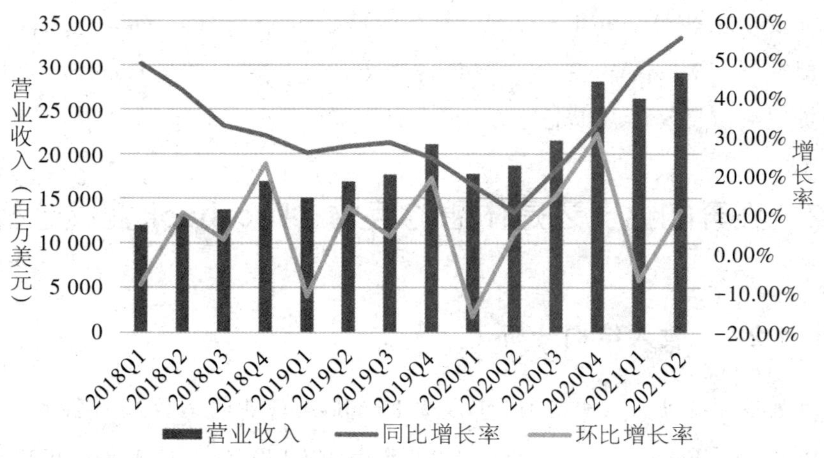

图 1-2 Facebook 各季度营业收入情况

资料来源 Facebook 公司历年年报.

从收入结构上看，Facebook 的收入绝大部分来自广告，Facebook 的广告收入由客户在 Facebook、Instagram、Messenger 和第三方关联网站或移动应用程序上推广他们的产品而产生。广告的计费方式也值得一提。2018 年 9 月，Facebook 改变了其广告计费模式，这之后，如果广告主按点击付费方式购买广告，那么只有当用户确实点击了指向他们的网站或应用的广告时，他们才需向 Facebook 付费。假如用户只点赞、分享或者发表评论，广告主就不用为此支付费用。从图 1-3 和图 1-4 可以看出，Facebook每年96%以上的收入来自广告收入，且Facebook的广告收入呈高速上升趋势，2018年第一季度其广告收入只有118亿美元，而到2021年第二季度时Facebook的广告收入就已经增长到了286亿美元。在广告投放量持续增长的同时，新冠肺炎疫情带来的用户习惯的改变和电商广告客户需求的增加，使2021年广告价格上涨，进而助推了营业收入的增长。

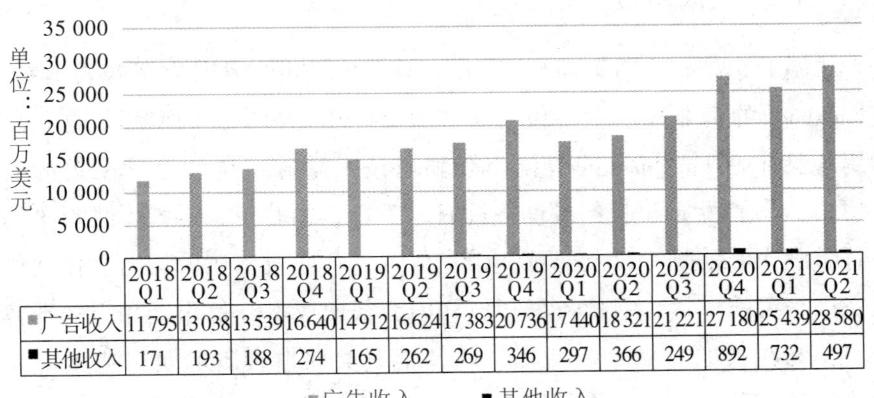

图1-3 Facebook具体收入情况

资料来源 Facebook公司历年年报.

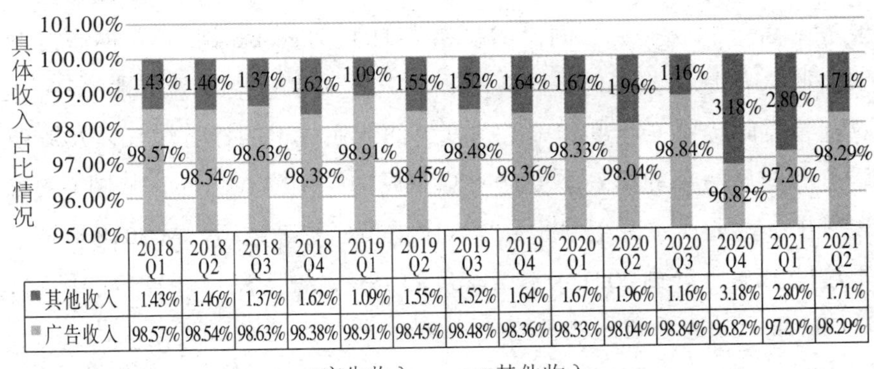

图1-4 Facebook具体收入结构

资料来源 Facebook公司历年年报.

其他收入包括来自消费类硬件设备的收入、使用支付基础设施的开发商支付的净收入以及其他各种来源的收入。从图1-3和图1-4可以看出，尽管体量不能同广告收入同日而语，其他收入增长势头却比较强劲，从2018年第一季度的1.71亿美元开始逐渐增长到2021年第二季度的4.97亿美元，不到四年时间，其他收入的规模增长了近3倍。其中，Oculus Quest 2（虚拟现实头戴显示设备）推动了2020年第四季度其他收入的增长，Quest 2销量超过历代Oculus VR头显的总和，为Facebook添加了又一收入来源。

1.2.2 成本费用分析

图1-5显示了Facebook各季度营业成本情况。从其财务报表上看，Facebook的营业成本主要包括与产品交付和分销有关的费用。这些费用包括维护Facebook的数据中心和与技术基础设施的运营相关的费用，如一般设施和服务器设备折旧、工资、福利费、运营团队员工的基于股份的薪酬，以及能源和带宽成本。营业成本还包括与合作伙伴安排相关的成本，包括流量获取和内容获取成本、信用卡和与处理客户交易相关的其他交易费用，以及消费类硬件设备的卖出成本。显然，随着营业收入的增长，Facebook各季度营业成本也逐渐上涨，同比增长率大多维持在20%以上。2018年第一季度Facebook营业成本仅为19亿美元，然后一直保持增长趋势，2021年第二季度Facebook的营业成本高达54亿美元，同比增长率为41%。Facebook每年第四季度的广告收入都是季节性的，相应地，其营业成本也呈现季节性的特点。这通常反映为第三季度和第四季度之间营业成本的显著增长以及第四季度和随后一年的第一季度之间营业成本的下降。另外，从图1-7可以看出，营业成本占主营业务收入比重指标越来越高，从2018年第一季度的16%上升到2021年第二季度的19%，说明受市场竞争的影响，Facebook产品的毛利率越来越低。

图1-6显示了各项费用的情况。其中，研发费用的占比最高，且呈增长趋势，增长的主要原因是工程和其他技术职能部门的员工人数大幅增长，导致工资和福利费用及与设施相关的成本增加。营销费用也呈现增长趋势，且有明显的季节性，其增长是因为营销和销售职能部门员工人数增加，导致员工的工资和福利支出增加，而营销费用呈现季节性主

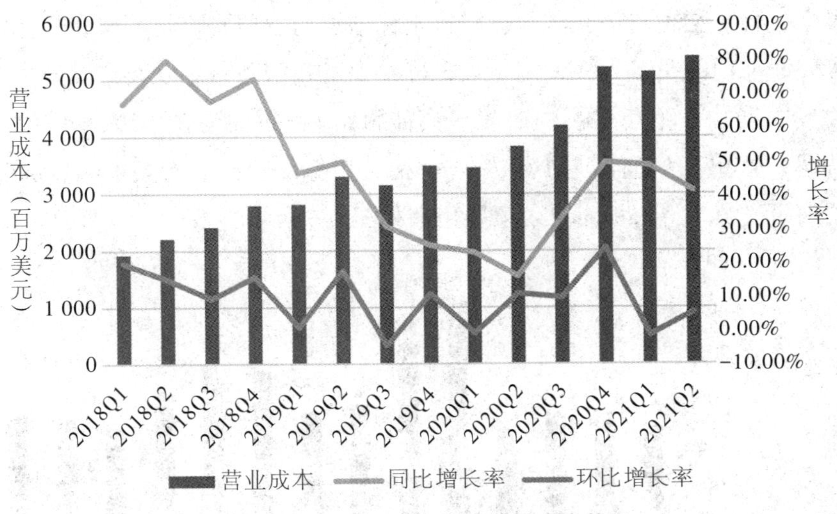

图1-5 Facebook各季度营业成本状况

资料来源 Wind数据库.

要是因为Facebook每年第四季度的广告收入是季节性的。除2019年第一、二季度外，一般及行政费用占比最小，主要原因是2019年前6个月记录的50亿美元FTC结算费用。

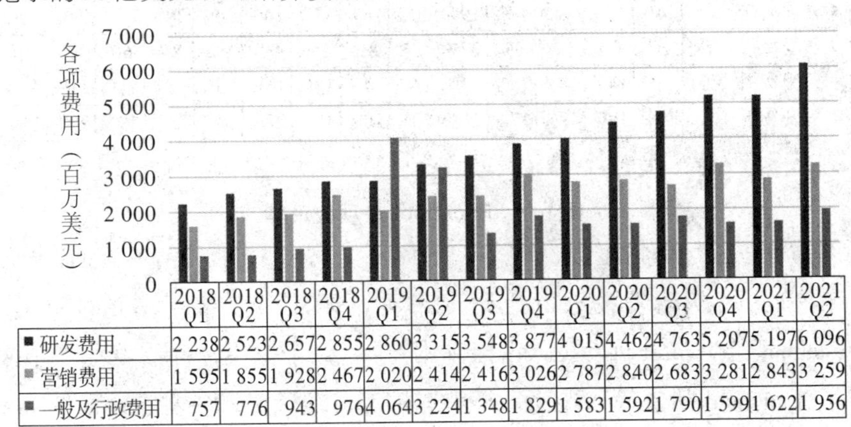

	2018 Q1	2018 Q2	2018 Q3	2018 Q4	2019 Q1	2019 Q2	2019 Q3	2019 Q4	2020 Q1	2020 Q2	2020 Q3	2020 Q4	2021 Q1	2021 Q2
研发费用	2 238	2 523	2 657	2 855	2 860	3 315	3 548	3 877	4 015	4 462	4 763	5 207	5 197	6 096
营销费用	1 595	1 855	1 928	2 467	2 020	2 414	2 416	3 026	2 787	2 840	2 683	3 281	2 843	3 259
一般及行政费用	757	776	943	976	4 064	3 224	1 348	1 829	1 583	1 592	1 790	1 599	1 622	1 956

图1-6 Facebook各项费用状况

资料来源 Wind数据库.

1.2.3 企业创新与研发效率

Facebook各项费用中，研发费用占营业收入的比例（研发费用率）

最高，且呈增长趋势，年报披露该指标增加的主要原因是工程和其他技术职能部门的员工人数大幅增长，导致工资和福利费用以及与设施相关的成本增加。不断增长的研发费用能否给Facebook公司带来相应的效益呢？这里我们通过与Twitter公司相关指标的对比，分析Facebook公司的研发效率。Facebook各项费用率如图1-7所示。

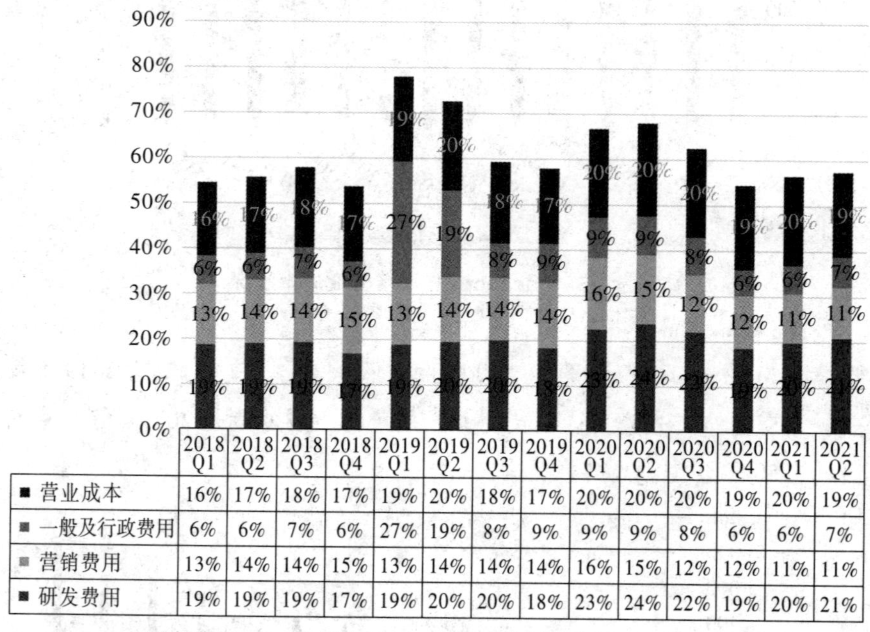

	2018 Q1	2018 Q2	2018 Q3	2018 Q4	2019 Q1	2019 Q2	2019 Q3	2019 Q4	2020 Q1	2020 Q2	2020 Q3	2020 Q4	2021 Q1	2021 Q2
■ 营业成本	16%	17%	18%	17%	19%	20%	18%	17%	20%	20%	20%	19%	20%	19%
■ 一般及行政费用	6%	6%	7%	6%	27%	19%	8%	9%	9%	9%	8%	6%	6%	7%
■ 营销费用	13%	14%	14%	15%	13%	14%	14%	14%	16%	15%	12%	12%	11%	11%
■ 研发费用	19%	19%	19%	17%	19%	20%	20%	18%	23%	24%	22%	19%	20%	21%

图1-7 Facebook各项费用率

资料来源 Wind数据库.

首先，从研发投入占比角度来看，即从研发费用率指标来看，Facebook与Twitter研发投入占比基本持平，如图1-8所示。从趋势上来看，Facebook研发投入占比每年基本稳定，维持在20%左右；而Twitter公司的研发投入占比有所下滑，从2016年的28%降到了2020年的23%。从研发投入总量角度来看，由于Facebook营业收入远大于Twitter，因而在相同研发投入占比的情况下，Facebook可用于研发的资金也数倍于Twitter，这也是Facebook在与Twitter竞争时的底气所在。

其次，对两个公司新发专利数量进行对比分析。2020年，Facebook以申请人身份获得了1 525项专利，而Twitter公司获得了87项专利，总

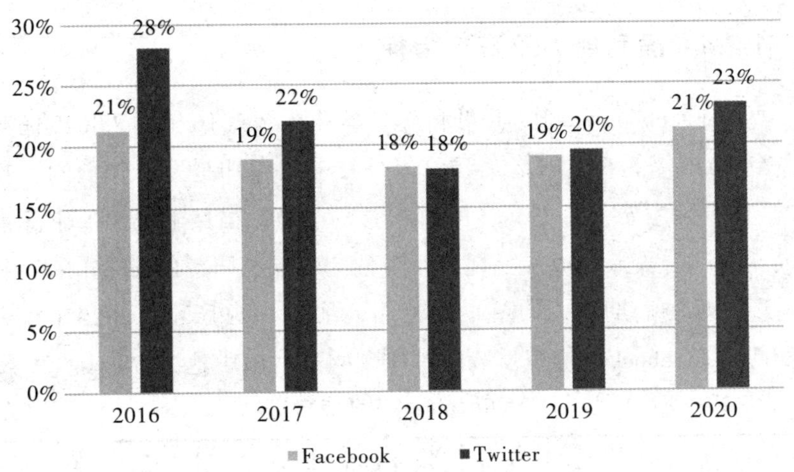

图1-8 研发费用率

资料来源 Facebook公司、Twitter公司历年年报.

体而言，Facebook研发能力强于Twitter公司。如图1-9所示，从每年新增专利趋势来看，Facebook申请专利数逐年上涨，从2016年的310项上涨到2020年的超过1 500项，均高于Twitter公司的专利数，这与两公司的研发投入情况基本相符。Facebook营业收入约是Twitter的20倍，而在研发投入占比基本相同的情况下，Facebook公司专利数量约为Twitter的20倍，说明Twitter与Facebook的单位投入专利回报率基本相当。

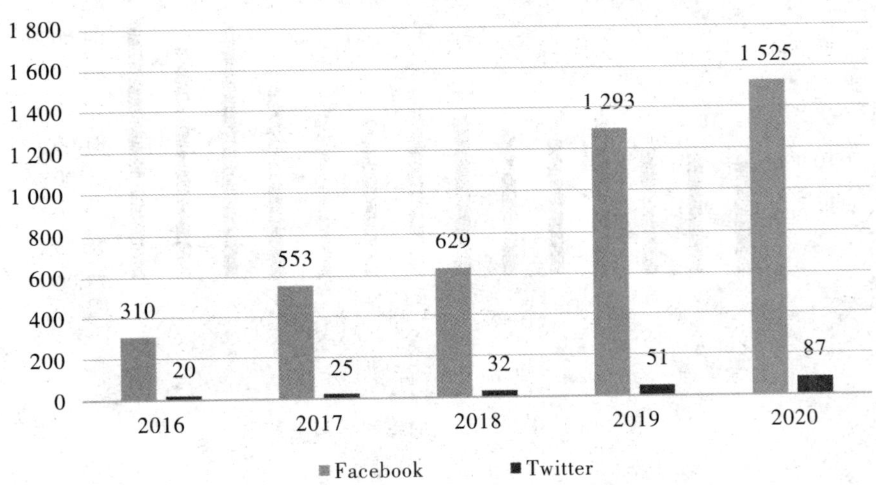

图1-9 Facebook与Twitter新发专利数对比

资料来源 美国专利局.

1.2.4 盈利能力及资产指标

尽管Facebook公司的毛利润逐年攀升，从2016年的238.49亿美元增长到2020年的692.73亿美元，但是其毛利率却是逐年降低的，见表1-2。其原因主要是每则广告的价格有所下降，虽然毛利率的下降幅度不大。与广告收入和成本呈现出季节性的特点相同，Facebook的毛利润也呈现明显的周期性，如图1-10所示。如图1-11所示，2020年盈利的增长帮助Facebook的净资产收益率实现回升，ROE达22.74%。

表1-2　Facebook盈利指标

项目	2016年	2017年	2018年	2019年	2020年
毛利润（百万美元）	23 849	35 199	46 483	57 927	69 273
毛利率（%）	86.29	86.58	83.25	81.94	80.58
净利润（百万美元）	10 217	15 934	22 112	18 485	29 146
净资产收益率ROE（%）	17.26	21.43	26.28	18.29	22.74
净利润率（%）	36.97	39.20	39.60	26.15	33.90

资料来源　Wind数据库.

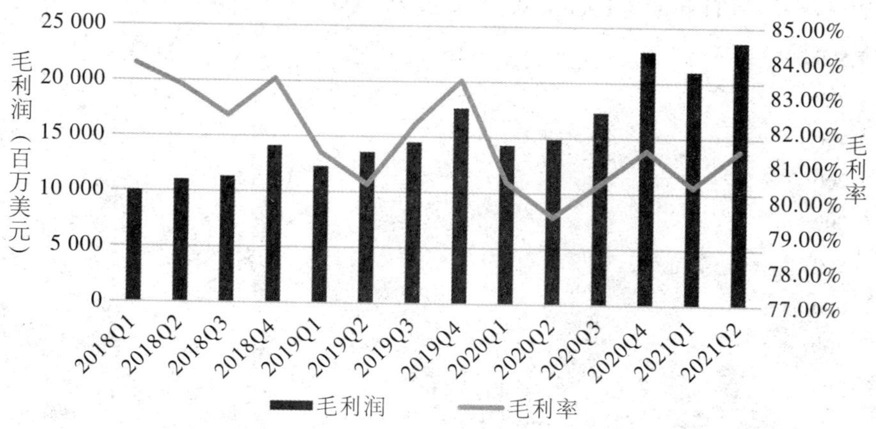

图1-10　Facebook的毛利润与毛利率

资料来源　Wind数据库.

自2012年上市以来，Facebook的基本每股收益不断提升，由最开始的0.02元提升到2020年末的10.22元。这说明Facebook在近些年的发

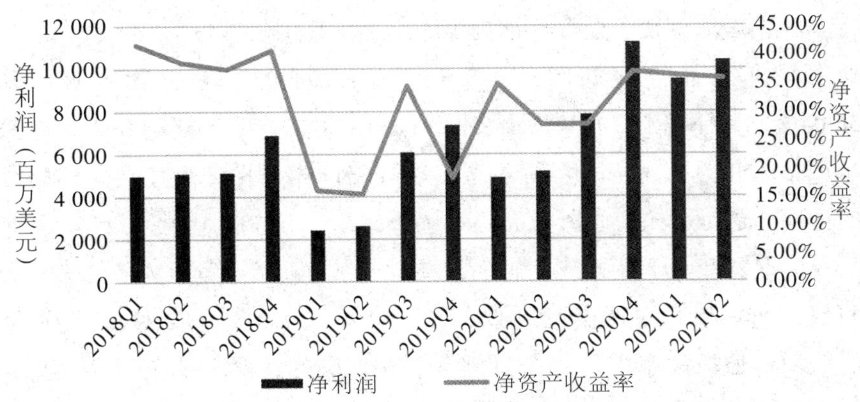

图1-11　Facebook净利润与净资产收益率（ROE）

资料来源　Wind数据库.

展中体现出了良好的收益能力，公司的净利润快速增长，为投资者带来的回报越来越高。Facebook公司每年的稀释每股收益都要比其基本每股收益低，这是受到公司员工手中有公司承诺发行的雇员认股权的影响，并且管理层手中的限制性股票也对这一指标产生影响。

众所周知，资产是一家企业对于资金的运用，而在科技企业领域我们重点关注四种资产：现金总额、无形资产、应收账款以及固定资产。充足的流动性水平一方面显示了企业强大的盈利能力，另一方面体现了企业应对未来危机的能力。如图1-12所示，2016—2020年，Facebook的现金水平不断提高，说明Facebook具有良好的现金准备能力，但现金增长率波动较大。

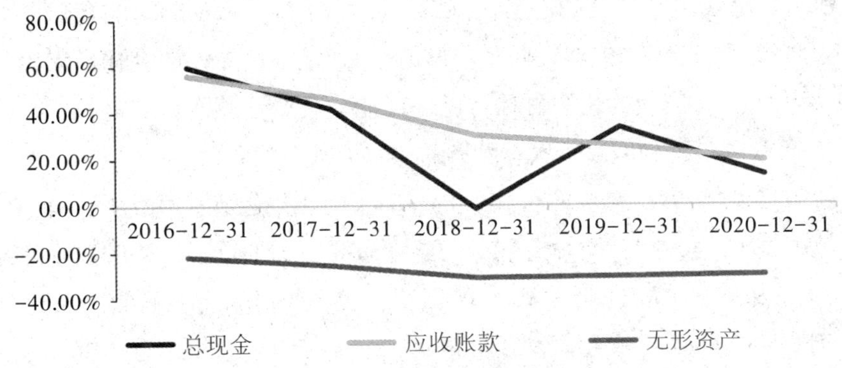

图1-12　Facebook各年资产增长率

资料来源　Wind数据库.

应收账款体现了企业赊销规模的大小，其增长率也反映了公司赊销业务的扩张速度。2016—2020年，Facebook的应收账款增长率从56.04%一路下降到19.09%，反映了Facebook最近几年对财务管理越来越严格，也是Facebook从激进型发展战略向相对保守型发展战略转变的体现，这是公司在做大后的必然选择。

无形资产对于高科技企业至关重要，因为其核心竞争力资产——专利权、商标权就包括在这一部分中。2016—2020年，Facebook无形资产账面价值持续下滑，并保持每年25%左右的速度持续减少。究其原因，主要是前几年申请的专利无形资产价值加速摊销，而新增专利转入无形资产较少所致。这也反映了Facebook近些年的研发质量较前几年有所下滑。

1.2.5 盈利增长率分析

2021年6月30日，Facebook收盘价为347.71美元/股。通过实际股价可以反推出支撑该股价的永续增长率（三年预测期之后）为g=1.80%。如果Facebook实际的增长率大于1.80%，说明股价被低估。我们从以下角度分析Facebook未来的增长点。

第一，作为一款知名的社交软件，用户数量是Facebook的价值核心所在。用户流量是Facebook生存与发展的基石。在用户量方面，Facebook通过社交并购模式实现流量裂变和用户积累，月活跃用户数（MAU）呈现出高增长的态势。2021年第二季度，Facebook的全球月活跃用户数量已突破29亿（如图1-13所示），是当之无愧的全球最大的社交媒体平台。庞大的用户群体可以为商业的各个环节降低交易成本，使其在互联网广告和电商领域有巨大的空间可以作为。

第二，作为社交传媒公司，Facebook的主要收入来源为广告业务。在美国，同类社交公司中，最能与之竞争的公司Twitter，其广告业务的竞争力却不如Facebook（本章第五部分会重点分析两者的业绩对比）。并且，Facebook开始大力发展Stories广告，相比信息流广告，Stories广告通过视频传播、极具创意的素材吸引了更多用户的关注，从长远来看，Stories广告变现效率更高，具备提价的空间。

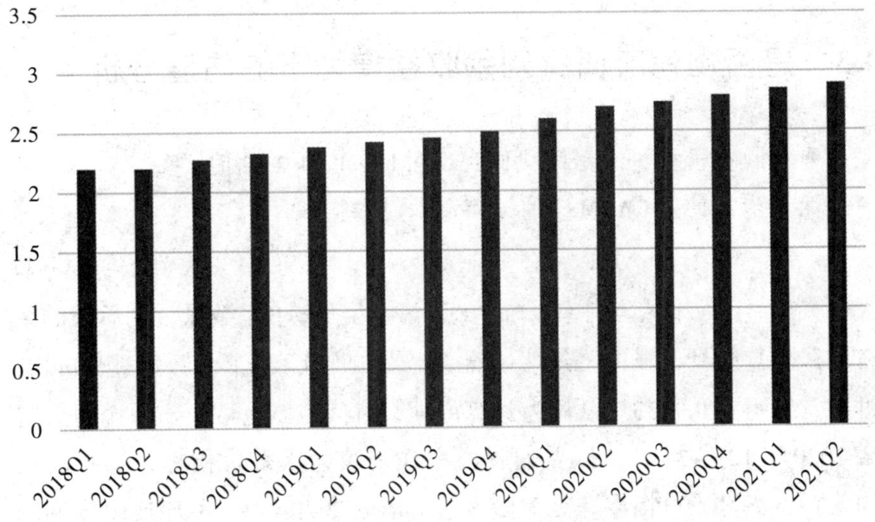

图1-13　Facebook全球月活跃用户数（MAU，单位：十亿）

资料来源　Facebook公司历年年报.

第三，未来的电商业务拥有极低的试错成本，且前景可观。Facebook作为最大的实名制社区，拥有全球第一大月活跃用户数，在电商领域有巨大的空间可以作为。2020年第一季度，Facebook在其子公司Instagram平台上初探电商业务，并宣布WhatsApp和Marketplace也将推出一系列新的购物功能，还邀请少数知名品牌在站内开放购物功能。尽管最终成效有待观察，但基于公司强大的用户群，试水电商业务拥有极低的试错成本。

第四，尽管新冠肺炎疫情的蔓延给美国经济带来了巨大的冲击，但是对Facebook公司的负面影响却是有限的。一方面，虽然部分广告主是因为削减开支的需要而减少或者暂停广告的投放，但是Facebook公司留存了足够的现金流且负债率较低，因而资金链断裂之类的问题对Facebook来说并非一个问题。另一方面，尽管疫情对旅游业的冲击是巨大和空前的，旅行业广告主大批撤离令这类互联网企业的营业收入受到冲击，而在Facebook的广告业务中，旅行广告的占比较小（只有6%，而谷歌公司旅行广告的占比却大于10%），并且电商广告的增加成为Facebook营收增长的推手。因此，我们认为Facebook公司未来的发展前景足以支撑起股价内含1.80%的增长率。

1.3 是否物有所值：剩余收益模型下的估值分析

剩余收益模型可以帮助我们实现对Facebook的估值。

第一步，使用CAPM模型计算资本成本：

$$r_E = r_f + \beta \times (r_M - r_f) \tag{1-1}$$

其中：r_f为无风险利率；$r_M - r_f$为风险溢价；β系数以公司承担的系统性风险与整个市场的系统性风险的比值作为代表。β系数通过Wind数据库计算得到0.9833（以周为计算周期，时间范围选取上市一个月后起至2020年12月31日，以普通收益率作为收益率衡量指标，选择的标的为标准普尔500指数；无风险利率r_f选取2020年12月美国10年期国债平均利率1.07%），风险溢价（$r_M - r_f$）使用Damodaran Online[①]中公布的美国标准普尔500指数的月度风险溢价，取2012年7月至2020年12月的月度风险溢价平均值5.58%作为风险溢价参数（如图1-14所示）。

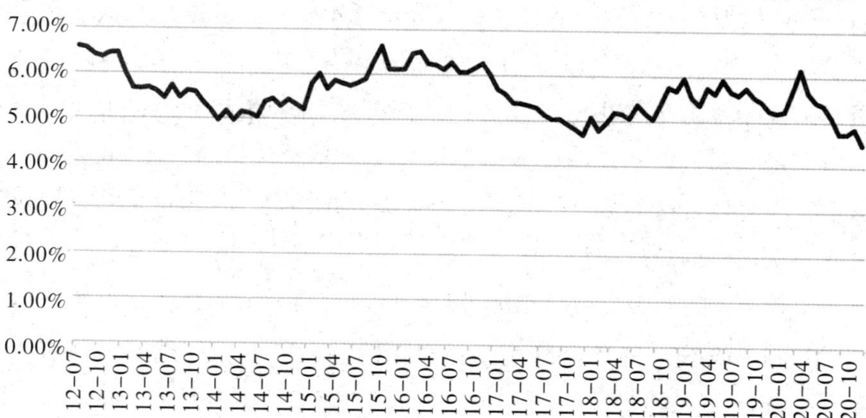

图1-14　2012年7月至2020年12月的月度风险溢价

用以上数据计算得到权益资本成本为6.557%（见表1-3）。

第二步，我们从Facebook的年报得到2019年和2020年的每股盈余（Earnings Per Share，EPS），从Wind数据库获得证券机构对Facebook未来三年EPS的一致预测值。Facebook自上市以来未发放股利，因此每股分红（Dividents Per Share，DPS）取0。根据DPS、EPS和前一年的每股

---

① http：//pages.stern.nyu.edu/~adamodar.

表1-3 **Facebook资本成本的计算指标**

资本成本	6.557%
β系数	0.9833
$r_M - r_f$	5.58%
r_f	1.07%

资料来源 Wind数据库；Damodaran Online.

账面价值（Bookvalue Per Share，BPS），就可以推算出每一年的BPS。推算公式如下：

$$BPS_t = BPS_{t-1} + EPS_{t-1} - DPS_t \tag{1-2}$$

第三步，计算普通股股东权益收益率（Return on Common Equity，ROCE）。计算公式如下：

$$ROCE_t = \frac{EPS_t}{BPS_{t-1}} \tag{1-3}$$

每期计算结果见表1-4第五行。

表1-4 **Facebook剩余收益模型估值** 金额单位：美元

预测年份t	2019A	2020A	2021E	2022E	2023E
EPS	6.43	10.09	13.55	16.14	19.53
DPS	0.00	0.00	0.00	0.00	0.00
BPS	35.43	45.03	58.58	74.72	94.25
ROCE		28.48%	30.09%	27.55%	26.14%
RE			10.60	12.30	14.63
折现因子			1.07	1.14	1.21
RE的现值			9.95	10.83	12.09
RE的总现值		32.87			
持续价值					327.50
持续价值的现值		270.68			
每股价值（2020年末）		348.58			
每股价值（2021年6月30日）		359.83			

第四步，计算2021—2023年的剩余收益（Residual Earning，RE）。计算公式如下：

$$RE_t = \left(ROCE_t - r_E\right) \times BPS_{t-1} \tag{1-4}$$

每期计算结果见表1-4第六行。

第五步，将未来的剩余收益用折现因子折现，计算出2021—2023年RE现值，并加总得到2021—2023年折现到2020年的RE总现值。计算公式为：

$$RE现值_t = \frac{RE_t}{折现因子} \tag{1-5}$$

$$RE总现值 = RE现值_{2021} + RE现值_{2022} + RE现值_{2023} \tag{1-6}$$

第六步，计算2023年之后持续期剩余收益在2023年的价值。互联网公司通常有较大的发展潜力，假设从2023年起，Facebook的剩余收益保持2%的速度持续稳定增长（g=2%），计算公式为：

$$持续价值 = RE_{2023} \times \frac{1+g}{r_E - g} \tag{1-7}$$

第七步，把2023年得到的持续价值折现到2020年末。再将其换算到2021年6月30日，即得到该公司最近的估值。

$$\begin{aligned} 价值 &= (账面价值 + 溢价的现值) \times (1+r_E)^{\frac{6}{12}} \\ &= [BPS_0 + (\begin{matrix}前三年\\RE总现值\end{matrix} + \begin{matrix}第四年及之后的\\持续价值现值\end{matrix})] \times (1+r_E)^{\frac{6}{12}} \end{aligned} \tag{1-8}$$

对上面得到的结果进行敏感性分析，以对在不同的增长率和资本成本下Facebook估值的变化进行分析，见表1-5。结合敏感性分析结果可知，基于剩余收益模型，Facebook的估值在以359.83元/股为中心的股价区间内。2021年6月30日，Facebook收盘价为347.71美元/股，因此本书认为，Facebook当前的股价可能存在低估，但低估幅度很小。

表1-5 **Facebook的敏感性分析** 金额单位：美元

r \ g	g=0	g=1%	g=2%	g=3%	g=4%	g=5%
r+1.5%	215.80	236.96	265.10	304.37	363.00	459.99
r+1%	231.69	256.81	290.97	340.12	416.92	553.78
r+0.5%	249.85	279.96	321.98	384.72	488.51	693.23
r=6.557%	270.79	307.30	359.83	441.90	588.16	922.32
r−0.5%	295.22	340.08	407.04	517.82	736.32	1 368.31
r−1%	324.08	380.08	467.56	623.49	979.72	NA
r−1.5%	358.66	429.97	547.93	780.59	1 453.56	NA

1.4 Facebook网络价值评估：梅特卡夫定律法

作为一款驰名全球的社交软件，用户是Facebook最宝贵的核心财富。梅特卡夫定律是一种基于用户数对网络价值进行估计的方法，这种方法能够对互联网公司进行精确的估值。

首先，我们检验Facebook的企业价值与用户数量之间的关系。考虑到数据量的充足性，以季度作为时期划分。采用2016年第一季度至2020年第四季度的相关数据，见表1-6。公司价值采用Facebook每季度的股票收盘价均值表示，用户数则采用Facebook各期公司公告中公布的月活跃用户数（MAU）表示。

表1-6　2016年第一季度至2020年第四季度Facebook的季末股价均值与MAU情况

指标名称	股价均值（美元/股）	MAU（十亿）	MAU^2
2016Q1	105.5123	1.654	2.736
2016Q2	115.2267	1.712	2.931
2016Q3	124.1397	1.788	3.197
2016Q4	122.8121	1.860	3.460
2017Q1	133.6374	1.936	3.748
2017Q2	148.6864	2.006	4.024
2017Q3	166.8754	2.072	4.293
2017Q4	176.7414	2.129	4.533
2018Q1	179.5512	2.196	4.822
2018Q2	180.7047	2.234	4.991
2018Q3	181.0285	2.271	5.157
2018Q4	144.8687	2.320	5.382
2019Q1	159.0325	2.375	5.641

续表

指标名称	股价均值（美元/股）	MAU（十亿）	MAU^2
2019Q2	182.7100	2.414	5.827
2019Q3	190.0742	2.449	5.998
2019Q4	193.6905	2.498	6.240
2020Q1	195.7832	2.603	6.776
2020Q2	208.7789	2.701	7.295
2020Q3	257.8867	2.740	7.508
2020Q4	274.1405	2.797	7.823

资料来源 Facebook公司历年年报.

运用梅特卡夫公式，对Facebook股价均值和月活跃用户数平方（MAU^2）进行时间序列回归。利用STATA软件进行时间序列回归检验，得到表1-7中的回归结果。

表1-7 **梅特卡夫估值法的回归结果**

变量	系数	t值	p值
MAU^2	26.2393***	9.9800	0.000
R^2		0.8468	
调整R^2		0.8383	

根据回归结果可以得出，月活跃用户数的平方项MAU^2与Facebook的每季度股价均值呈显著正相关关系，系数E为26.2393，得到拟合回归方程：

$$V = 26.2393 \times MAU^2 \tag{1-9}$$

将2021年第一季度的月活跃用户数量代入拟合回归方程，可以计算出估值为213.55美元/股，低于2021年第一季度Facebook收盘价均价（269.26美元/股）。

许多学者和互联网从业人士对梅特卡夫定律进行了修正，提出了自己的观点。RCA公司的总经理Sarnoff认为广播网络的价值以线性增长，这种线性关系（V∝N）被称为萨尔诺夫定律（Sarnoff's Law）。Odlyzko在2006年提出网络价值应该满足赋权的对数关系（V∝Nln（N）），这种关系称为奥德林克定律（Odlyzko's Law）。计算机网络和软件业先驱Reed于2009年提出指数关系（$V\propto 2^N$），他认为，群体所构建的网络价值将随着网络人数的增加而出现几何级增长，这种指数关系称为里德定律（Reed's Law）。

我们同时运用萨尔诺夫定律、奥德林克定律和里德定律，对Facebook公司价值和用户数进行回归，构建变量ODL=MAU×ln（MAU），构建变量REED=2^{MAU}，分别衡量奥德林克定律和里德定律。

运用上述公式，对Facebook股价均值和各用户数指标进行时间序列回归。利用STATA软件做时间序列回归检验，可以得到表1-8、表1-9和表1-10中的回归结果。

表1-8　**萨尔诺夫定律回归结果**

变量	系数	t值	p值
MAU	116.24***	9.49	0.00
R^2		0.8334	
调整R^2		0.8241	

表1-9　**奥德林克定律回归结果**

变量	系数	t值	p值
ODL	65.08***	9.77	0.00
R^2		0.8414	
调整R^2		0.8326	

表1-10　**里德定律回归结果**

变量	系数	t值	p值
REED	35.38***	10.24	0.00
R^2		0.8534	
调整R^2		0.8452	

从结果上来看，三个回归模型拟合优度均良好。根据回归系数，得

到Facebook的三个拟合回归方程：

萨尔诺夫定律：V=116.24 × MAU

奥德林克定律：V=65.08×ODL

里德定律：V=35.38×REED

将2021年第一季度的MAU、ODL和REED代入上述拟合回归方程，可以计算出Facebook的估算股价：

萨尔诺夫定律：331.63美元/股

奥德林克定律：194.65美元/股

里德定律：255.62美元/股

可见，基于里德定律的网络价值评估结果与2021年第一季度Facebook收盘价均价269.26美元/股最为接近。

1.5 两虎相争，鹿死谁手——Facebook与Twitter对比

1.5.1 Twitter公司近况

Twitter于2006年在特拉华州注册成立，是一个陌生人分享消息的平台。不同于本章重点分析的Facebook，Twitter主打陌生人社交，也就是你在Twitter中关注的人和你在现实中大概率没有交集，而Facebook则注重亲朋好友之间的互动。Twitter公司一开始并没有客户端平台，而是以网页形式供好友之间即时接发文本信息。在经历了一系列的修改与更新后，Twitter逐渐成长为一个将文本限制在140字以内的内容分享平台。Twitter的本义就是一种鸟的叫声，短小精悍，而Twitter公司的图标也是一只张开嘴巴的小鸟，意味着Twitter是传递即兴、简短的信息的平台，每时每刻在传播天下大事小事。

2007年3月，美国西南偏南艺术节（SXSW）的举办让Twitter的日讨论量从2万飙升至6万，人们开始接触到Twitter这一随时随地与其他人分享所见所闻的软件。其后的Twitter开始以爆炸式的速度增长，吸引了大量美国名流入驻并与粉丝交流。这一以名流或消息集成者（followed）吸引社会大众（following），再通过吸引来的用户赚取更多流

量的模式至今仍然是Twitter运营的主要逻辑。2008年秋，收购狂魔Facebook欲豪掷5亿美元收购Twitter这家年仅两岁的公司，但Twitter的野心岂是5亿美元可以衡量？仰望星空的Twitter公司记得自己是要成为与Facebook同台竞技的强者，而非Facebook商业帝国中的“锦上添花”。Twitter公司于是谢绝了Facebook公司的好意继续上路，并在Facebook上市的两年后登陆美国纳斯达克市场。

然而，意气正盛的Twitter公司在完成上市后却屡屡受挫。缓慢的产品更新让Twitter这个曾经锐意进取的年轻企业逐渐落后于其竞争对手Facebook，一刀切地封杀第三方开发者使得使用体验变差，充满污言秽语的平台风向让众多老用户选择离开。生于移动互联网时代的Twitter却在移动互联深化时代举步维艰，而人事的频繁调动也让Twitter帝国的堡垒内部开始松动。四年之内单单CEO就调换了四位，这对于一个相对成熟的大企业而言很明显不是一个正常的信号。然而，在外界都不再看好Twitter业务的情况下，Twitter踏上了一段自我拯救的苦旅。2016年，Twitter公司开始改革，出售了一些非核心部门，关闭了一些失败的平台，并进行了一系列的重组。剪去厚重羽毛的Twitter公司迎来了属于自己的涅槃，2017年Twitter开始扭亏为盈，并一直将盈利持续到现在。截至2021年第二季度，Twitter公司的日活跃用户数量为2.06亿，较上年同期增长11%。虽然较Facebook的19.1亿仍然相去甚远，但重新上路的Twitter公司依旧朝着自己梦想的方向努力前行。

1.5.2 业务对比

根据Twitter公司2020年年报，公司营业收入来源主要包括两大块：广告收入与数据许可收入。类似于Facebook，广告收入是Twitter公司的主要收入来源，占其营业收入总额的86%，而其余收入则来源于数据许可业务。

Twitter公司的广告业务主要分成三种类型。第一类是最常见也是Twitter公司最早开始做的广告业务——广告推荐。推荐广告会像正常推文一样出现在用户的时间线上，按照CPC的方式对广告商进行收费。

第二类广告是账号推荐，这一类广告直接向其他用户推荐想要增加粉丝数量的Twitter用户，类似于我国微博上的用户推荐功能，这种广告采用拍卖的方式定价，并按照最终推荐效果进行收费。第三类广告是热搜推荐，类似于微博上的“买热搜”行为，但Twitter上的热搜按固定费用方式出售。三种广告推荐方式搭配上Twitter后台的人工智能对用户精准投放，保证了公司广告业务的营利性。Twitter公司广告的收费模式是CPE模式，也就是按每次交互所产生的费用进行收费，只有在用户和广告进行了一定的交互时才进行计费。如图1-15所示，2020年Twitter公司广告板块实现营业收入320 739万美元，占营业总收入的86.30%，同比增长7.15%。从地区上来看，美国本土仍然是Twitter业务的核心，2020年实现营业收入207 884万美元，占总营业收入的55.94%；海外市场中日本市场是Twitter的最主要战场，2020年实现营业收入54 786万美元，占总营业收入的14.74%。

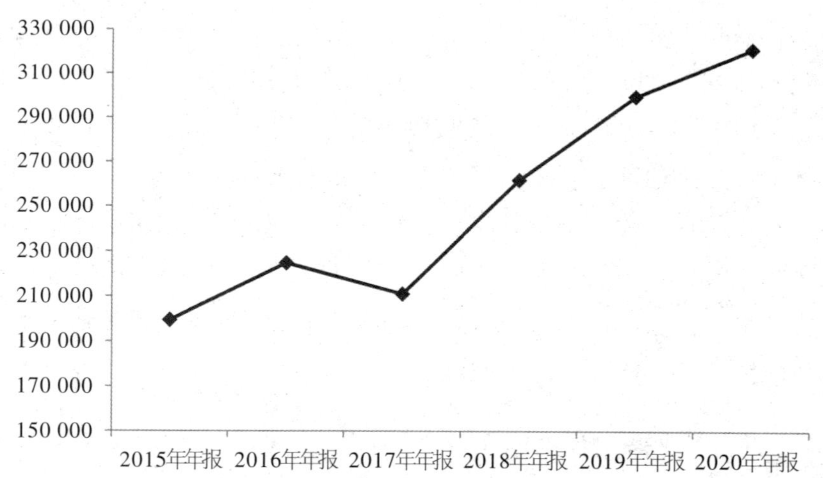

图1-15 Twitter广告业务收入（万美元）

资料来源 Wind数据库.

Twitter公司的数据许可业务则偏向于出售其后台数据供企业进行数据分析。在数据许可领域，Twitter公司从两个方面实现盈利：一方面，将其数据售卖给其他企业用于商业分析；另一方面，通过其旗下软件MoPub为其他软件提供移动网络广告竞价业务。如图1-16所示，Twitter数据许可业务在2020年实现营业收入50 896万美元，较2019年上涨

9.23%，占营业收入总额的13.70%。

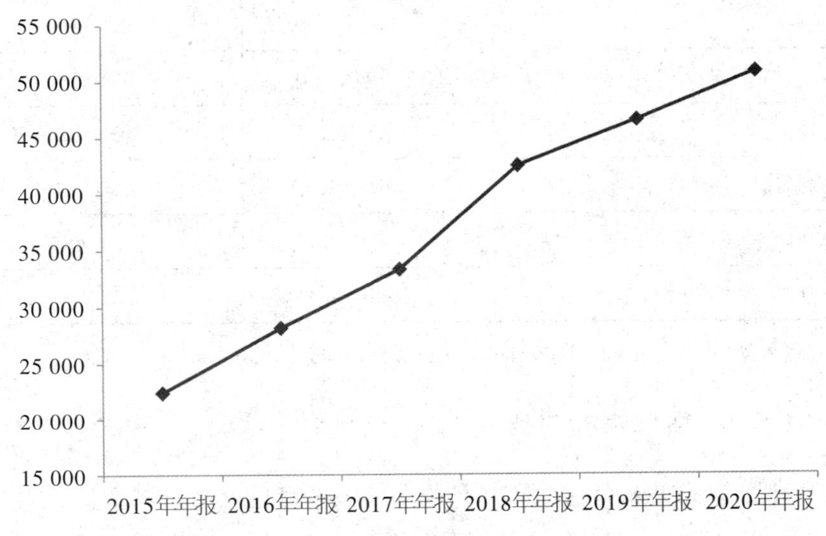

图1-16　Twitter数据许可业务收入（万美元）

资料来源　Wind数据库.

对比Facebook与Twitter的收入结构我们可以发现，二者的主要营业收入来源都是平台广告收益，Facebook广告占比比Twitter更高。从广告种类上来说，Facebook广告类型比Twitter更加丰富，有传统的文字型广告，也有新兴的短视频广告（Stories），产品结构的丰富使得Facebook的广告在平台上能够有更多的发挥空间。从推送方式上来看，Twitter的广告主要基于用户兴趣爱好或搜索结果，根据用户在注册时填写的兴趣为用户推送广告；而Facebook则收集用户的个人信息，采用的是精准投放的策略，广告的目标性更强。

2020年，同Twitter公司相比，Facebook公司的毛利率高17.35%，净利润率高64.46%，市场销售、管理费用率也低于Twitter公司，研发支出率与Twitter公司相差无几，见表1-11。

表1-11　**Facebook与Twitter财务指标对比**

2020年	Twitter	Facebook
营业收入（百万美元）	3 716	85 965
营业成本率	36.77%	19.42%

续表

2020年	Twitter	Facebook
市场销售、管理费用率	39.02%	21.11%
研发支出率	23.49%	21.46%
毛利率	63.23%	80.58%
净利润率	-30.56%	33.90%
净资产利润率（ROE）	-14.25%	22.72%

资料来源 Facebook公司、Twitter公司历年年报.

1.5.3 估值指标对比

市盈率（P/E）是股票市场价格与每股盈利的比值，其数值代表一个公司的成长性和收益性，用于同行业横向对比则可以比较出哪只股票更具有投资价值。一般而言，市盈率代表了投资一家企业需要多少年才能收回成本，在评估股票价值时一般认为越低越好。但对于成长迅速的高科技型企业而言，高市盈率往往意味着市场对于企业未来发展十分有信心，投资者有意愿为将来的盈利在当前付出更高的代价。高市盈率意味着高风险，而风险与收益成正比。2020年，Twitter公司出现亏损，市盈率为-34.76倍，指标失真，我们采用其他指标进行对比。

市净率（P/B）是股票的市值和净资产的比率。净资产的多少是由公司的经营状况决定的，上市公司经营情况越好，其资产增值就越快，股票净值就越高，而公司股东所拥有的权益也就越多。因此，股票净值是判断公司股票未来走势的重要依据之一。市盈率越低的股票，单位市值包含的净资产就越多，公司的投资价值也越大；反之，其投资价值就越小。当然，在具体判断投资价值时还要综合考虑市场大环境以及行业产业政策、公司盈利能力、经营情况等因素。2020年末，Facebook的市净率为6.07倍，而Twitter则为5.41倍，两家公司市净率相近。

企业价值倍数是估值中经常会用到的一种估值方法，主要是以企业价值作为分子，EBITDA作为分母，代表企业的收益。企业价值倍数估值法的分子端考虑到了企业的债务，在分母端采用折旧摊销前利润减少了受会计操纵干扰的可能。从对比结果来看，Twitter企业价值/EBITDA倍数远高于Facebook（见表1-12），说明Twitter每创造1美元EBITDA所带来的企业价值更高，而Facebook当前的股价在企业价值/EBITDA的视角下可能存在低估。不过由于两家公司都存在大量的并购活动，企业估值倍数的处理还需要结合很多其他因素进行综合分析。

表1-12 Twitter和Facebook估值指标对比

指标	Facebook	Twitter
代码	FB.O	TWTR
总市值（亿美元）	7 782.33	431.03
市盈率（P/E）	30.78	-34.76
市净率（P/B）	6.07	5.41
企业价值/EBITDA（倍）	19.00	63.82

资料来源 Wind数据库.

1.6 案例小结

作为全球第一大社交媒体，尽管近年来Facebook的利润率有所下滑，但Facebook公司无论是产品毛利还是各项费用指标都要优于美国另一家社交网络平台Twitter。进一步地，我们采用两种方法对Facebook的股价进行估值，发现运用传统的剩余收益模型进行估值，Facebook股价存在低估，而里德定律的估值结果则与股价相差无几。在对比社交领域两大巨头——Facebook与Twitter公司的过程中，我们发现当前市场上Facebook的体量远大于Twitter，这种体量上的优势带来的是其他各个方面数量级的碾压。此外，Facebook还积极探索新的广告收入来源，目前正在大举开展短视频广告业务，而Twitter公司广告业务还是“老三样”，Facebook攻城略地的步伐并没有因为Twitter的暂时衰落而停滞不前。从目前市场的各种估值指标情况来看，Facebook相对于Twitter公司更受投资者认可，预期前景也更好。

第2章　苹果公司：光鲜之下，危机已悄然浮现

2.1　发展历程：将科技人性化，改变世界的乔布斯精神

2.1.1　公司简介

苹果公司是一家设计、生产和销售各种电子设备，并为消费者提供相关服务的高科技企业。其主要产品包括手机、个人电脑、平板电脑、可穿戴设备以及各种相关配件等。

经历了40余年的发展，如今的苹果公司已成为全球鼎鼎有名的大企业。在2021年《财富》杂志评选的世界500强企业中，苹果公司以2 745亿美元的营业收入位列世界第6名。苹果公司之所以能有今日如此高的成就，很大程度上是由于其创始人之一史蒂夫·乔布斯的天才想法。苹果公司在其发展的整个历程中，从最初专注于个人电脑，到如今

提供多元化的电子设备及服务，始终贯彻了其灵魂人物乔布斯的精神——将科技人性化。

2.1.2 初期的辉煌与低谷：世界首台个人电脑

在20世纪70年代，电脑是一种十分庞大、沉重的设备，只有一些大型机构或企业能够使用电脑。1976年，乔布斯的一个朋友沃兹尼亚克制作出了一个小型电脑的雏形（该电脑后来被称作Apple Ⅰ）。乔布斯看见后大为惊艳，认为未来小型的个人电脑应该走进千家万户！于是他说服沃兹尼亚克共同开创事业，苹果公司就在同年正式成立了。

相比于仅仅售出200多台的Apple Ⅰ，1977年正式发售的Apple Ⅱ才是真正意义上的全球首款普及型个人电脑。不同于以前的需要输入特定代码才能操纵的电脑，Apple Ⅱ新奇的彩色图像显示以及使用鼠标的操作方式极大提高了用户体验，这使得Apple Ⅱ系列销售火爆，直至停产前在全球一共售出约600万台。

1980年苹果公司正式上市，股票被一抢而光，为公司高层和初期的投资人带来了巨大的财富。

1981年，IBM公司发布的廉价型个人电脑IBM PC成为大热商品，从价格、兼容性等方面击败了苹果公司同期推出的Macintosh个人电脑，在竞争中取得了绝对优势。乔布斯野心勃勃推出的产品销量未达预期，使他在公司陷入窘境。当时，正与乔布斯进行权力斗争的CEO约翰·斯卡利利用这个机会剥夺了乔布斯的管理职位，于是乔布斯在1985年离开了苹果公司。

乔布斯离开后，苹果公司虽然接连推出了一系列新的产品，但其中绝大部分销量不佳。苹果公司进入了一段较长的低谷期。

2.1.3 乔布斯回归：引领多元化转型并开启黄金时代

1997年，乔布斯时隔12年回归苹果公司并担任CEO。在他的领导下，苹果公司开始焕发新的生机，1998年推出的iMac个人电脑以及随后的PowerBook G3笔记本电脑都获得了不错的销售成绩，扭转了多年的业绩下滑势头。

然而，乔布斯并未仅仅局限在个人电脑这一业务上，天才的想法又在他的脑海里酝酿着。2001年，在乔布斯主导下，苹果公司正式发布数码音乐播放器iPod，其操作便捷、外形时尚，并且十分小巧，满足了人们日常出行随时随地听歌的需求。不仅如此，苹果还顺势推出配套的iTunes网络付费音乐下载系统，所有歌曲以统一价0.99美分出售，开创了一个崭新的音乐流媒体时代。iPod在便携式音乐播放器的全球市场中登上王座，轻松击败了索尼公司推出的Walkman等其他同类竞争商品。随后的几年，iPod系列接连推出mini、shuffle、nano等产品，进一步巩固了地位。iPod系列的成功可视为苹果黄金时代的开始。

2005年，苹果公司宣布在其Mac个人电脑设备上采用英特尔的CPU，至此Mac设备也可以安装Windows系统，使其变得更具吸引力。

2007年，苹果公司正式更名，将公司名中的“电脑”两字去掉（2007年以前，公司名实际上为“苹果电脑公司”）。这一改变也体现了苹果想要多元化发展电子设备及服务的决心。

2007年，iPhone首度发布，标志着苹果公司正式进军手机市场。2010年，iPhone 4的发布让全球的消费者们眼前一亮，引发市场狂热追捧。其全新的智能触控体验、极简时尚的外表、独特流畅的操作系统等各个方面都令人着迷，在手机产业的历史上写下了浓墨重彩的一笔。iPhone 4极大面积的触屏设计无疑引导了之后整个手机行业的潮流。iPhone 4的巨大市场反响为苹果公司后来在手机行业占据霸主地位奠定了基础，此后苹果公司每隔一段时间都会推出新的iPhone系列产品。

2010年，苹果公司正式推出iPad，这是一种兼具手机和笔记本电脑特性的新型产品。相较于手机，其在浏览网页、观看视频、编辑文件等方面更具优势；相较于笔记本电脑，它又更加轻巧便捷，方便携带。

2.1.4 后乔布斯时代：挑战与机遇并存

2011年，乔布斯因病逝世。一位天才遗憾地离开了我们，但是他给我们生活带来的深远改变却一直存在：个人电脑、手机、平板……现代人所使用的各种电子设备或多或少地都因为乔布斯而变得更加便捷好用了。个人电脑、鼠标、MP3、触屏等，其实都并不是乔布斯最初发明的，但他的天才之处在于，他看见了这些东西实现的可能性，并将它们带进了全世界人们的生活中，使科技变得更加人性化。

乔布斯精神仍然在苹果公司中延续，iPhone、iPad等产品仍然在推陈出新。但是，失去了乔布斯的苹果公司在近十年中也再没有出现过像iPod、iPhone这样划时代的新型产品。由图2-1可见，虽然iPhone、iPad系列产品的推出使苹果公司的净营业收入在2010—2015年有明显的增长趋势，但是当这波新鲜热潮逐渐退却后，2015—2020年苹果公司的净营业收入不再有明显上升趋势，而是在一定范围内波动。

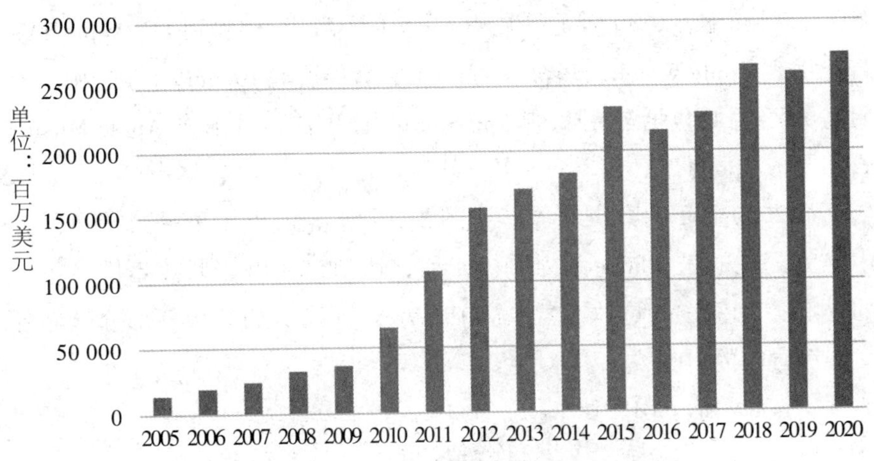

图2-1　苹果公司2005—2020财年净营业收入

资料来源　Wind数据库.

天才乔布斯的离开使苹果公司面临挑战，但这些年来苹果公司没有放弃各种尝试，机遇在慢慢酝酿中。2014年，苹果公司发布首款可穿戴智能设备Apple Watch，这也是乔布斯离开后苹果公司第一个新产品系列。其首度推出之时，收到的评论好坏参半。虽然Apple Watch并不能与过去的iPod、iPhone等明星产品相提并论，但其代表着苹果想要构建其自身生态圈的一大步。这些年来，除了智能手表Apple Watch之外，苹果还推出了无线耳机AirPods、智能音箱HomePod等产品。这些产品覆盖了消费者生活中的更多方面，逐渐构建了苹果生态圈的雏形。若是苹果公司能在生态圈构建方面持续努力并获得成功，那么会有益于增强用户黏性，进入一种良性循环状态。

2.2 营收结构及其变化趋势

2.2.1 营收结构：多元化的移动电子设备及相关服务

从业务来看，苹果公司的整体营收结构较为简单，主要就分为两大板块的业务——产品和服务。其中，产品方面又分为四部分：①手机iPhone系列；②个人电脑Mac系列；③平板电脑iPad系列；④可穿戴设备、家居和配件，包括无线耳机AirPods、高清电视机顶盒Apple TV、智能手表Apple Watch、耳机系列Beats、智能音箱HomePod等产品。而服务方面主要包括应用商店App Store、音乐流媒体服务Apple Music、云端服务iCloud等。

从2020财年的数据来看，如图2-2所示，占据了苹果公司净营收中绝大部分的是iPhone系列手机产品，达到50.19%。紧接着排名第二的是服务业务，占总体净营收的19.59%。而剩下的其余三部分产品各自占净营收的10%左右。

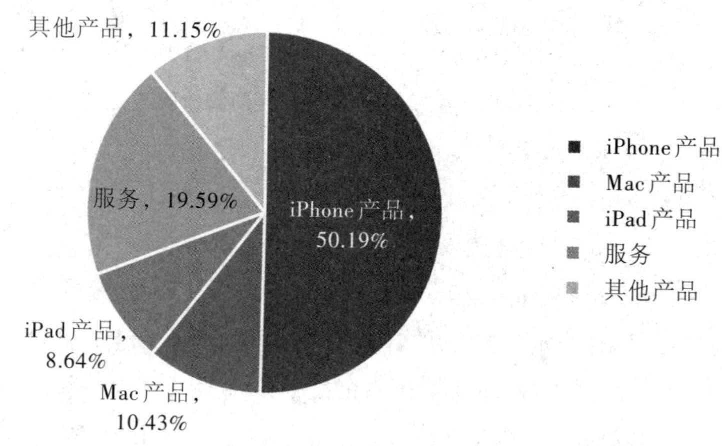

图2-2 2020财年苹果公司净营业收入业务构成

资料来源 苹果公司2020财年年报.

尽管服务业务在苹果公司的营收结构中仅占不到20%的份额，但其盈利能力很高，几乎是产品业务的两倍。如图2-3所示，近年来苹果公司的服务业务毛利率在60%以上，并且呈上升趋势；相反，产品业务毛利率仅为30%左右，并且呈下降趋势。

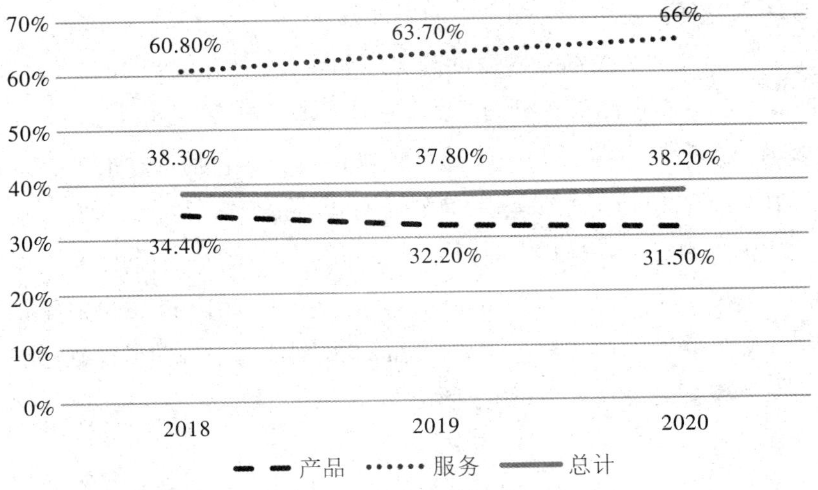

图2-3 2018—2020财年苹果公司的毛利率

资料来源 苹果公司年报.

接下来从地区角度来看苹果公司的营收结构。苹果公司是一家国际化的大企业，产品销往世界各地。其中，苹果公司最大的市场仍然是它的所属地美洲。以2020财年的数据为基准，美洲市场在苹果公司总体净营收中占45.37%；第二大市场为欧洲，在净营收中占25%；接下来依次是中国、日本以及其余亚太地区，如图2-4所示。

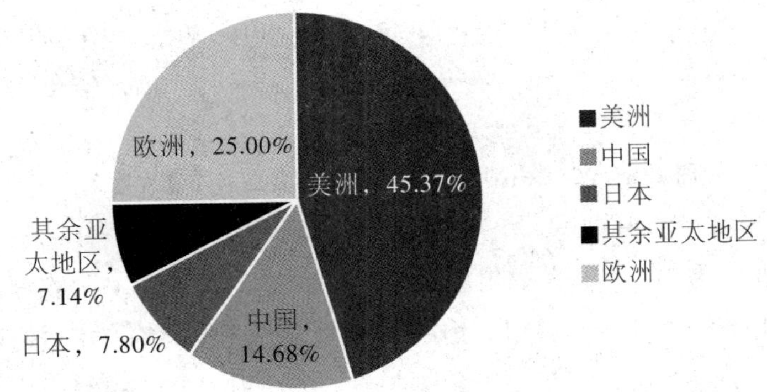

图2-4 2020财年苹果公司净营业收入地区构成

资料来源 苹果公司2020财年年报.

2.2.2 近年营收结构变化趋势：核心产品表现疲软

营收结构并非一成不变，其中各个业务营收的变动趋势也值得关注，因为这往往指示了公司未来的发展方向。

首先分业务来看净营收变动趋势。如图2-5所示，自2012年开始，iPhone系列手机产品就在公司总体营收中占据了压倒性地位，与公司其他业务的营收拉开了很大的距离，可以说是公司目前的核心业务。但是，在经历了快速增长期之后，如今的iPhone似乎已经步入发展疲软期，不再有明显上升趋势，而是处于一种波动状态。尽管每年仍有新的iPhone系列产品问世，但iPhone的营收在2016、2019和2020财年都经历了下降。身为公司的核心业务，iPhone系列产品呈现出的疲软态势需要引起警惕，未来几年公司亟须突破。

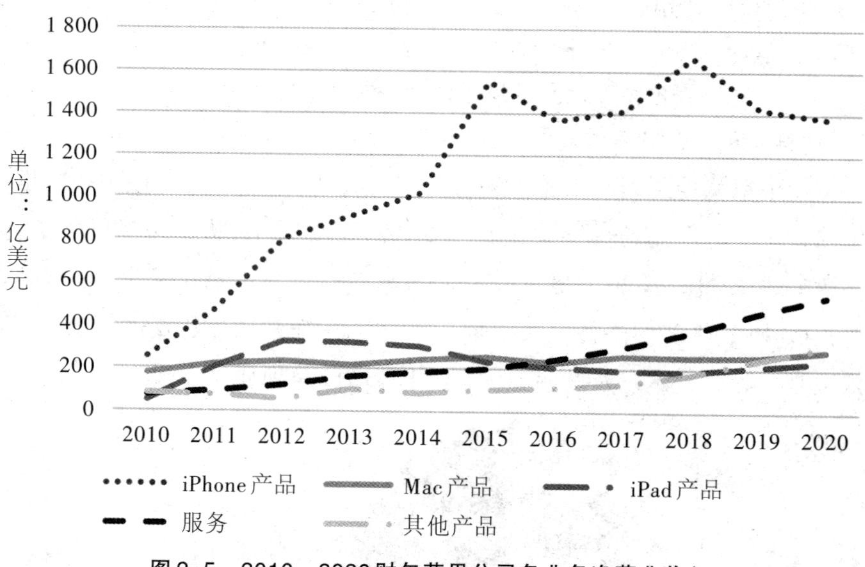

图2-5 2010—2020财年苹果公司各业务净营业收入

资料来源 Wind数据库.

其他业务中，Mac系列电脑产品与iPad系列平板产品营收都十分平稳，没有上升或下降的趋势。而所属类别为可穿戴设备、家居和配件的小产品系列以及服务业务在近年来都有明显上升趋势。这显示出了近几年苹果公司构建自身生态圈的决心，新产品智能手表Apple Watch、蓝牙耳机AirPods和智能音箱HomePod等使苹果渗透进了用户生活的更多方面；而服务业务Apple Music等也拥有了越来越多的订阅者。总体来看，虽然可穿戴设备、家居和配件产品业务以及服务业务在苹果公司的总体体量中占比尚且还小，无法与核心业务iPhone产品相抗衡，但它们所呈现出的良好态势也给苹果公司的未来带来了更多可能性。

再从地区分布来看苹果公司营收构成的变化趋势。美洲市场是苹果公司的最大销售市场，并且近年来营收呈现良好的上升态势。而第三大市场中国的营收在2019—2020年有所下降，如图2-6所示。这很有可能是由竞争对手的强势所致，有关市场竞争格局的分析将在下一部分详细介绍。

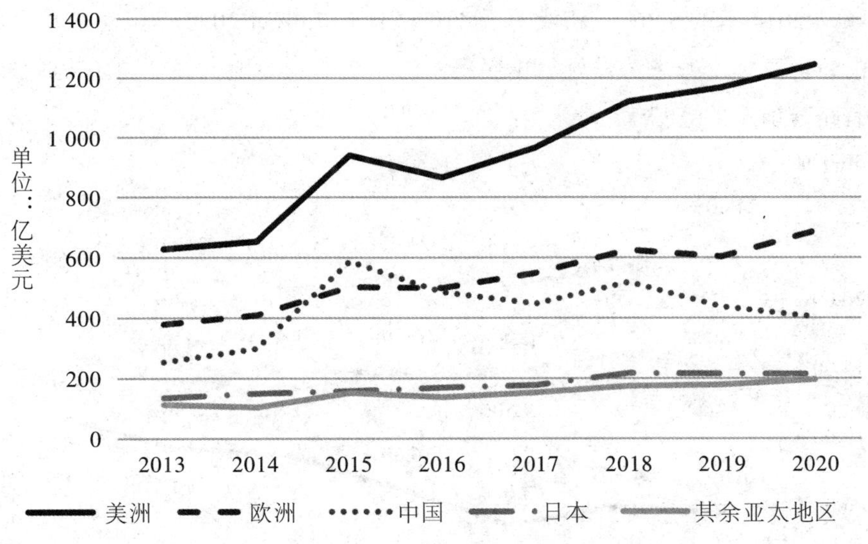

图2-6 2013—2020财年苹果公司各地区净营业收入

资料来源 Wind数据库.

2.3 市场竞争

2.3.1 当前全球手机市场竞争格局

由于在苹果公司内占据绝对性地位的核心业务是手机，因此这一部分将聚焦手机市场当前的竞争格局。

手机市场属于高度竞争的市场，存在大量的生产厂商和消费者，并且产品同质化的程度较高，消费者很容易转换不同的品牌使用。此外，手机市场的突出特点是产品推陈出新快，对技术更迭的要求高。各个手机公司都需要投入大量的研发支出，不断地进行科技创新，才能保持自己在市场中的地位。

具体来看当前手机市场的竞争格局。从全球范围来看，三星仍居霸主地位，2014—2020年全球市场份额稳定在21%左右，如图2-7所示。虽然苹果多年来一直稳居第二，但是却在2019年占比下滑至13.9%，被华为一举反超。当前全球手机市场中，势头最猛的非华为莫属，市场份额从2014年的5.7%一路上升到2019年的17.6%，2020年虽然有所下滑，但整体上升态势良好。排名第四的小米的表现则十分平稳，暂时没有跻身前三的态势。

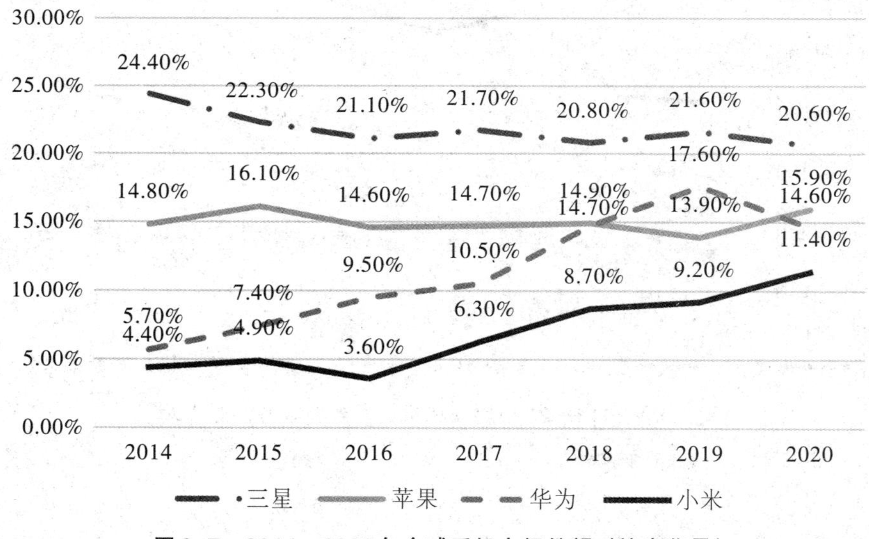

图2-7　2014—2020年全球手机市场份额（按出货量）

资料来源　IDC.

从当前全球手机市场的竞争格局来看，苹果公司当前的最大竞争对手无疑就是华为。细看华为，其在全球市场中的上升趋势很大程度上得益于其在本土市场中国的良好表现。众所周知，中国是全球最大的手机市场。根据Statista公布的数据，2020年中国市场的智能手机用户数量达9.12亿，位列全球榜首。排名第二的是印度，拥有4.39亿用户。对比之下，可见中国智能手机市场之庞大，任何一家手机厂商都想要在这里分得一块蛋糕。

因此，有必要单独对中国手机市场当前的竞争格局进行分析。如图2-8所示，相比于全球市场，华为手机在中国市场的上升趋势无疑要更加陡峭，从2015年与苹果平起平坐的14.3%一路上升到了2020年的38.3%，展示出势如破竹的姿态。而苹果则是在2015年后，再也没有对华为的抗衡之力。

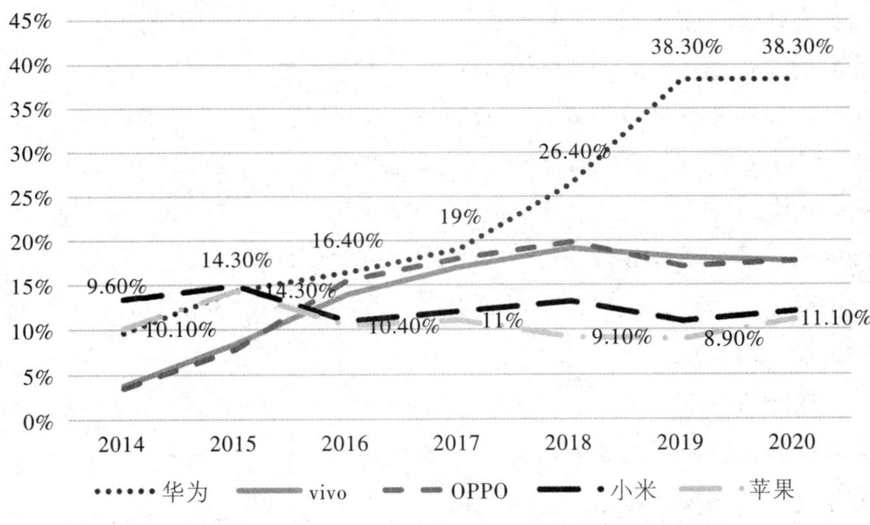

图2-8 2014—2020年中国手机市场份额（按出货量）

资料来源 IDC.

从数据来看，2019—2020年虽然华为手机市场份额没有变化，但市场份额依旧占据领先地位。因为机型定位不同，华为暂且还未对苹果造成直接威胁。苹果一直以来都是高端机的代表品牌，仍然拥有一定数量的"铁粉"，而当前华为抢占的中国手机市场份额，主要是从其他中低端机品牌手中抢来的。但是，随着华为近年来实力大增，5G换机潮来临时华为对苹果的高端机市场将构成巨大的威胁。

通过这一部分的分析，我们可以了解到：全球手机市场中的前三名是三星、华为和苹果，其中三星多年来稳固在第一名的位置，华为则是在2019年才反超了苹果成为第二名。华为则因贸易制裁原因，在美国市场没有生存空间。

2.3.2 面临华为的竞争威胁

作为一家大型跨国公司，除了自己的本土市场美国以外，苹果也在其他地区积极进行各种经营活动。前文中图2-4的数据显示，美洲市场以外的地区带给苹果公司的收入占公司整体营收的54.63%，超过了一半。因此，苹果公司与华为的竞争将变得日益激烈。

众所周知，2019年5月美国正式将华为列入“实体清单”，对其进行贸易制裁，这就是华为目前最大的劣势。各项贸易制裁措施中，影响最大的莫过于谷歌GMS的断供。GMS，又称谷歌移动服务或者谷歌全家桶，包括一整套应用程序和云服务。常用的应用程序，如谷歌浏览器、YouTube、Google Play应用商店、谷歌地图等，均包含在GMS中。不同于中国的手机用户通过各种第三方应用市场来安装APP，海外的手机用户几乎全靠GMS服务来安装APP，缺乏GMS就难以安装很多常见应用程序。因此，GMS断供无疑会对华为手机的海外销量造成一定程度的打击。

在此情况下，华为加大了自身HMS生态的推进力度。HMS，即华为移动服务，与GMS具有类似的功能。2019年，华为宣布用于激励优秀开发者的“耀星计划”全面升级，激励资源从10亿元人民币上升至10亿美元，携手全球的优秀开发者们共筑HMS生态。截至2021年5月底，HMS全球注册开发者已超过400万人，全球集成HMS Core的应用数量已超过13.4万款。并且，早在2020年年初，HMS已为全球170多个国家和地区的用户提供服务，月活跃用户数超4亿人。2020年，华为推进HMS的力度也丝毫没有放松，其在官网上发布了全新的华为流量服务分成政策，在与应用开发者的收入分成方面做出了巨大的让步。苹果和谷歌的应用商店都采取三七分成模式（开发者获七成），而华为发布的政策显示，2020年全年一九分成，2021年全年二八分成，后续再恢复成行业统一的三七分成。这一举措将会激励全球更多的优秀开发者共同参与到华为HMS生态的构建中。

尽管势头不错，但HMS想要真正追赶上GMS仍面临着重重困难。

由于华为2019年被列入美国贸易制裁的对象，以2019年数据为例，2019年GMS断供确实冲击了华为手机在部分海外市场的销售，那么华为手机2019年在全球手机市场中的优异表现仅仅是靠中国市场拉动的吗？答案在表2-1中呈现，通过数据分析我们可以看到，即使排除掉增长十分迅猛的中国本土市场，华为手机在全球其他地区中的出货量仍有大幅上涨，从2018年的17 750万台增长至2019年的20 270万台，同比增长14.2%。这表明，即使面临着GMS断供之类的贸易制裁事件，华为手机在全球市场中的竞争力仍然在提升。

表2-1　2018年和2019年华为和苹果手机出货量情况

市场	项目	华为	苹果
全球市场	2018年出货量（万）	20 600	21 220
	2019年出货量（万）	24 060	19 810
	2019年出货量同比增长	+16.8%	-6.6%
中国市场	2018年出货量（万）	2 850	670
	2019年出货量（万）	3 730	570
	2019年出货量同比增长	+30.9%	-14.9%
全球除中国之外其他所有市场	2018年出货量（万）	17 750	20 550
	2019年出货量（万）	20 270	19 240
	2019年出货量同比增长	+14.2%	-6.4%

资料来源　Canalys.

贸易制裁也难以阻挡华为前进的脚步，更何况近年来华为拥有了更大的竞争优势——5G先发优势。

自4G正式开始商用至今还不到10年的时间，新一轮的科技浪潮又近在眼前了。相比于4G，5G的特点体现在更高速率、更大容量和更低时延上，其未来应用方向包括VR/AR、云游戏、车联网、智能家居、智能制造、远程手术等，能为我们开启一个崭新的物联网时代。

近几年来，世界各国纷纷开始部署5G。截至2020年1月，全球已有34个国家的378个城市对5G商用网络进行了部署[①]，其中以韩、中、

① CALIF S J.Command the 5G network: 5G available in 378 cities globally, according to VIAVI report［EB/OL］.［2020-10-23］. https://www.viavisolutions.com/en-us/news-releases/command-5g-network-5g-available-378-cities-globally-according-viavi-report.

美三国为第一梯队。以中国为例，根据工信部的数据，2020年新增约58万个5G基站。截至2021年8月，我国建成的5G基站超过100万个，占全球的70%以上。根据三大运营商公布的数据，截至2021年8月，我国5G套餐用户总数达到5.79亿。尽管因为突如其来的疫情，世界各国的5G建设步伐都或多或少地受到了一些阻碍，但是5G是人们生活切切实实的未来，是不可阻挡的大趋势。

相对于车联网等仍需更多发展时间才能真正实现落地的高端技术，5G手机可以说是能够第一批收获5G红利的先锋行业。未来几年里，5G换机潮势不可挡，而在2019年，已经占据了全球5G手机市场先发优势的公司就是华为。根据Strategy Analytics的数据，2019年华为5G手机出货量达到690万台，占据了全球5G手机市场的36.9%，如图2-9所示。全球手机市场的龙头老大三星则以670万台的出货量屈居第二。至于苹果公司，则未选择在2019年推出5G手机。

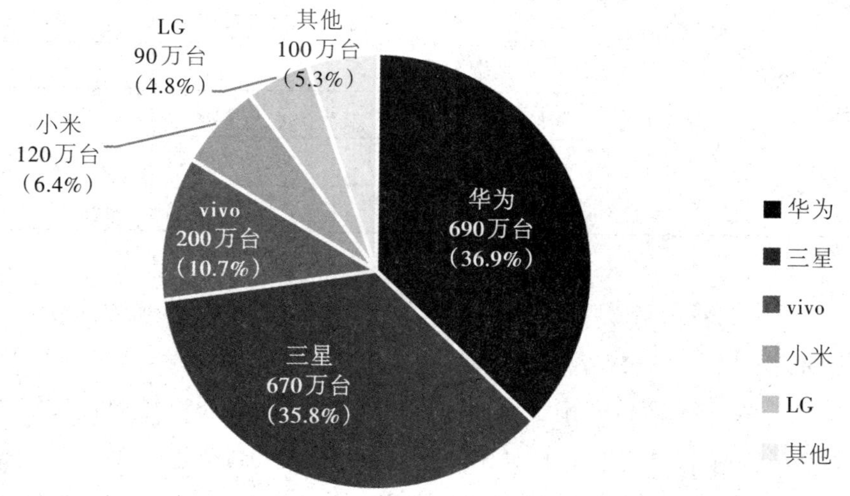

图2-9 2019年全球5G手机市场份额

资料来源 Strategy Analytics.

华为在5G领域的领先地位，不仅仅体现在5G手机出货量这方面，更是体现在它的5G技术能力方面。国际知名专利数据公司IPLytics于2020年2月发布的数据显示，华为已宣布5G专利数量为3 147个，位列世界第一[①]。华为在5G技术方面的实力无疑已在全球范围内得到了认证，很可能在未来吸引更多的消费者购买其5G手机。

尽管对于苹果来说，值得庆幸的一点是美国对华为进行的贸易制裁，导致华为无法在iPhone的主阵地美国市场中对其造成威胁，但是，在全球的其他市场中，尤其是在全球最大的手机市场中国，华为极有可能利用自身的5G先发优势来抢占苹果的市场份额。过去，华为的重心在中低端机市场，苹果的重心在高端机市场，两者井水不犯河水。然而近些年来，华为显露出了发展高端机的雄心，推出5G手机更是其发展高端机的一个良好契机。目前华为有多款正在售卖中的5G手机，从nova 8 Pro到Mate X2，价位覆盖了中端机到高端机的市场。与之相对应的，iPhone 13、iPhone 13 mini、iPhone 13 Pro和iPhone 13 Pro Max都支持5G网络。

相关的调查数据也显示出苹果正在被华为抢走客户。QuestMobile2020年6月的数据显示，在中国市场，足足有22.4%的苹果手机用户选择不再回购苹果，而是选择华为作为自己下一部手机的品牌，如图2-10所示。在5G换机潮的大背景下，苹果和华为在手机市场的竞争将进入白热化状态。

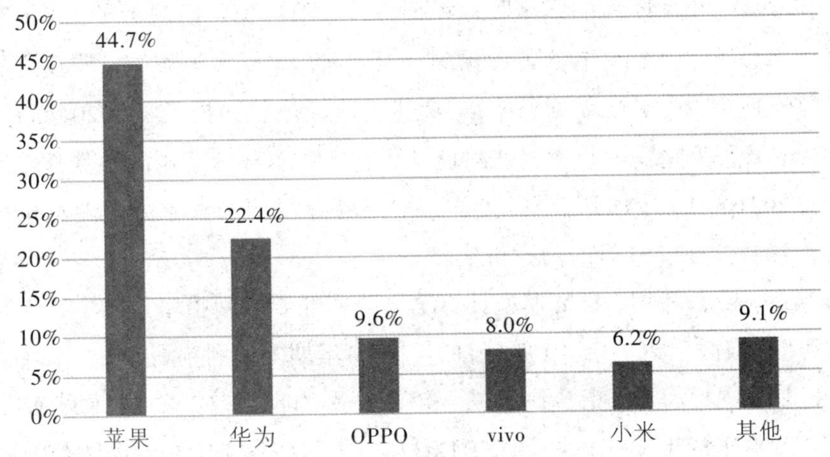

图2-10　2020年6月中国市场苹果手机用户换机去向

资料来源　QuestMobile.

① BUCHHOLZ K.Huawei is leading the 5G patent race［EB/OL］.［2020-10-23］. https://www.statista.com/chart/20095/companies-with-most-5g-patent-families-and-patent-families-applications/.

2.4 剩余收益模型

2.4.1 基准情形：假定永续增长率g=1%

这部分应用剩余收益模型来对苹果公司进行估值。剩余收益模型的基本思想是，以账面价值作为出发点，再加上未来所有溢价折现后的现值，即能得到资产当前的真实价值。

价值 = 账面价值 + 溢价的现值

所谓的溢价，指的是这项投资所能带来的真实收益高出要求收益的那一部分，也被称作剩余收益。事实上，一项投资是否能真正为股东创造价值，就取决于该项投资的真实收益率是否高于股东的要求回报率。股东的要求回报率相当于股东的机会成本，指的是股东为了将资金用于该项投资，而放弃的其他投资机会所能带来的最优收益率。若是一项投资的真实收益率低于要求收益率，意味着它带给股东的收益低于股东进行其他投资所能得到的收益，这事实上毁损了价值；相反，若真实收益大于要求收益，才是真正创造了价值。

本章采用两阶段的剩余收益模型进行估值：第一阶段为期3年，对每年的真实收益EPS单独进行预测；第二阶段从第4年开始，假设之后每年的真实收益EPS以增长率g=1%进行永续增长。为了将2020年特殊的新冠肺炎疫情情况也考虑在估值结果之内，本部分选用的参数都是截止到2021年10月1日这个时点的，最终计算得到的苹果公司内在价值也是2021年10月1日的内在价值。

第一步，利用CAPM模型计算苹果公司的要求回报率。其中，无风险利率r_f取截至2021年10月1日的美国20年期国债利率1.99%，市场溢价r_m取美国标普500指数在近二十年内的平均收益率7.42%，β取Wind计算器给出的近十年内的调整β1.0375。将这些参数数值代入CAPM模型的公式里，即可计算出苹果公司的要求回报率为7.62%。

后面的具体计算步骤与第1章Facebook剩余收益模型部分所介绍的相一致，因此不再赘述。相关数据和计算结果均列示在表2-2中，最终计算得出，2021年10月1日，苹果公司的每股价值为81.35美元。然而，苹果公司在2021年10月1日的实际收盘价为142.65美元/股，大于估值所求结果，这表明市场很有可能高估了苹果公司的股价。长期来看，资产价格都有回归其真实内在价值的趋势。从这个角度来看，若本章计算出的苹果公司内在价值是合理的，那么苹果公司目前并不是一个适合投资者进行长期价值投资的良好标的。

表2-2　**苹果公司剩余收益模型估值**　金额单位：美元

年度	实际期	预测期t1	预测期t2	预测期t3
	2020	2021E	2022E	2023E
EPS	3.28	5.20	5.31	5.89
DPS	0.86	0.99	1.04	1.09
BPS	3.77	7.98	12.25	17.05
ROCE		137.93%	66.54%	48.08%
RE		4.91	4.70	4.96
折现因子		1.08	1.16	1.25
RE现值		4.56	4.06	3.98
RE总现值	12.60			
持续价值				75.57
持续价值现值	60.62			
每股价值（2021-01-01）	76.99			
每股价值（2021-10-01）	81.35			

2.4.2　敏感性分析

由于估值模型对于参数r_E和g的变动十分敏感，因此接下来额外进行敏感性分析，计算在r_E和g的不同变动情况下苹果公司的每股价值。敏感性分析结果见表2-3，其中灰色部分表示估值结果小于股价142.65美元/股，白色部分表示估值结果大于股价142.65美元/股。

表2-3 苹果公司剩余收益模型估值敏感性分析 金额单位：美元

	g=0%	g=1%	g=2%	g=3%	g=4%	g=5%	g=6%
r_E+1.5%	59.7839	65.5571	72.9511	82.7601	96.3981	116.6505	149.8703
r_E+1.0%	63.4990	70.1290	78.7609	90.4628	107.2263	133.2423	179.0904
r_E+0.5%	67.6746	75.3462	85.5234	99.6733	120.6861	155.1529	222.0800
r_E	72.4013	81.3549	93.4928	110.8811	137.8666	185.4232	291.5606
r_E−0.5%	77.7952	88.3490	103.0225	124.8127	160.5548	229.9584	422.8970
r_E−1.0%	84.0076	96.5915	114.6187	142.5958	191.8998	301.9372	764.8706
r_E−1.5%	91.2389	106.4479	129.0334	166.0799	238.0164	437.9964	3873.2449

从表2-3可以看到，当剩余收益的永续增长率g为4%及以上时，苹果公司的每股价值才在大部分情况下大于股价。这意味着，只有当苹果公司的未来增长十分良好时，苹果公司的股票才可能是个值得投资的标的。具体而言，可以考虑利用股价142.65美元/股来反向求解隐含增长率。在资本成本r_E保持不变的情况下，计算出苹果公司的隐含增长率为3.30%。也就是说，如果2021年10月1日的股价是符合内在价值的，那么苹果公司未来剩余收益的增长率需要达到3.30%。

2.4.3 增长率合理性分析：苹果公司未来展望

由表2-2中的数据可以计算得到，苹果公司2022年和2023年的剩余收益增长率分别为-4.29%和5.41%。而对于2023年之后的剩余收益，本章在基准情形下设定的永续增长率为1%。这是一个比较保守的增长率，由此计算得到的苹果公司内在价值是远低于其当前真实股价的。那么，为苹果公司设定这么保守的永续增长率是否合理呢？或者换一种角度来说，苹果公司是否能达到其当前真实股价中所蕴含的3.30%这么高的永续增长率？为了解答这个问题，我们需要对苹果公司未来的发展前景做出分析。

回顾苹果公司过去十多年的营收表现，可以看到在2010—2012年期间，苹果公司经历了一段高速发展期，营收同比增长率达到百分之六七十的水平，这主要是由当时新发布的iPhone系列产品带动的。热潮退却之后，近年来苹果公司的营收进入了一段相对稳定时期，不再有明显的上升趋势，如图2-11所示。

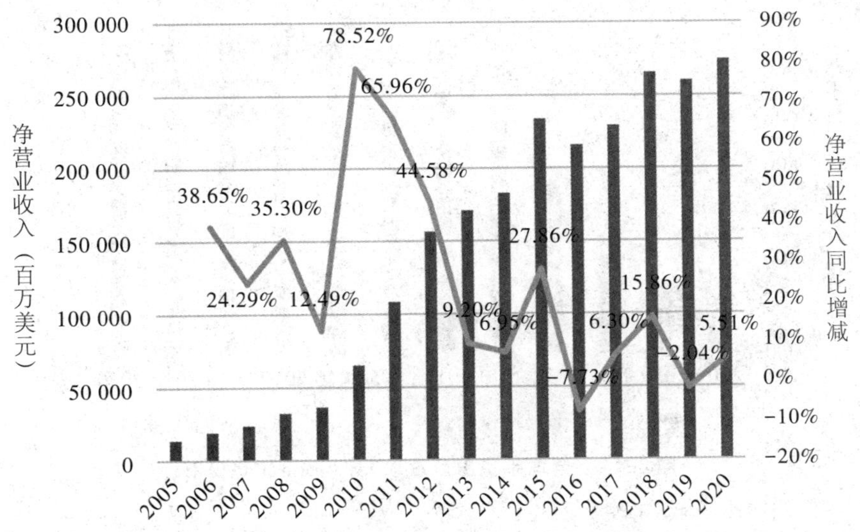

图2-11　苹果公司2005—2020财年净营业收入及其同比增减

资料来源　Wind数据库.

作为占据公司营收50%以上的核心产品，iPhone的表现与苹果公司的营收状况息息相关。从手机市场的整体发展状况来看，随着手机在全球范围内越来越普及，全球手机的总出货量自2014年以来一直稳定在14亿台左右，达到了一个比较饱和的状态。而iPhone在其中所占的市场份额也在2016年后达到了一个相对稳定的状态，即14%左右，如图2-12所示。若是未来手机市场延续近年来的状态，那么在全球总出货量和苹果市场份额都保持相对稳定的情况下，iPhone营收的增长就只能由单价增长来带动。从这个意义上而言，苹果公司未来剩余收益的永续增长率不可能太大。

那么iPhone未来在全球市场上的市场份额有持续上升的可能吗？由前文市场竞争部分的分析可见，当前iPhone在全球市场上表现乏力。iPhone目前的主要任务是在竞争对手的猛烈攻势下守护住自己在全球市场上的份额，至于如何从竞争对手们手中抢夺更多的市场份额，则是个更加艰巨的任务。尽管在苹果的主阵地美国市场中，iPhone仍占据领先地位，并且最大竞争对手华为由于贸易制裁的原因无法对其造成威胁，但是苹果自身所存在的创新力下降等问题，仍然造成了用户忠诚度下降。

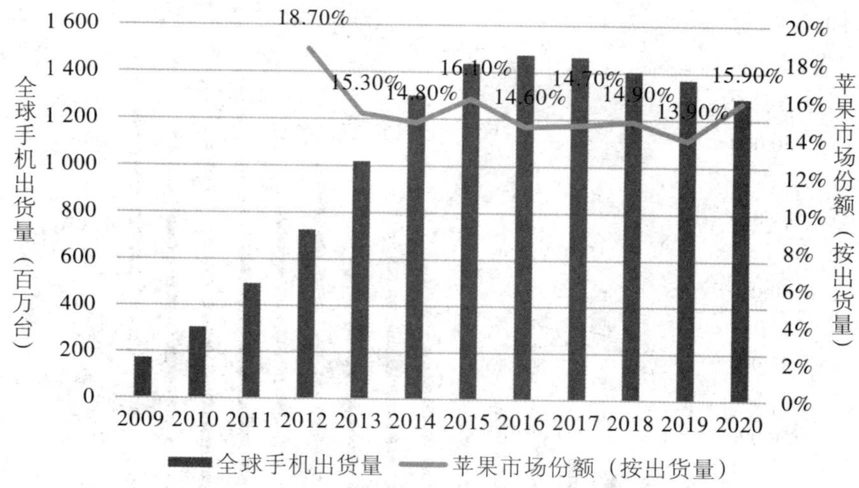

图2-12　全球手机出货量以及iPhone市场份额

资料来源　Statista.

BankMyCell的调查数据显示，2019年美国市场中iPhone用户忠诚度下降到了73%，是2012—2019年中的最低水平，如图2-13所示。在38 043个调查样本中，2018年第四季度时仍持有iPhone的用户，到了2019年有13.8%转向了三星、8.2%转向了LG、2.5%转向了摩托罗拉。[①]iPhone在美国市场过去的优秀表现并不能保证未来的优秀表现，当前用户忠诚度下降的现象，应当为苹果敲响警钟。

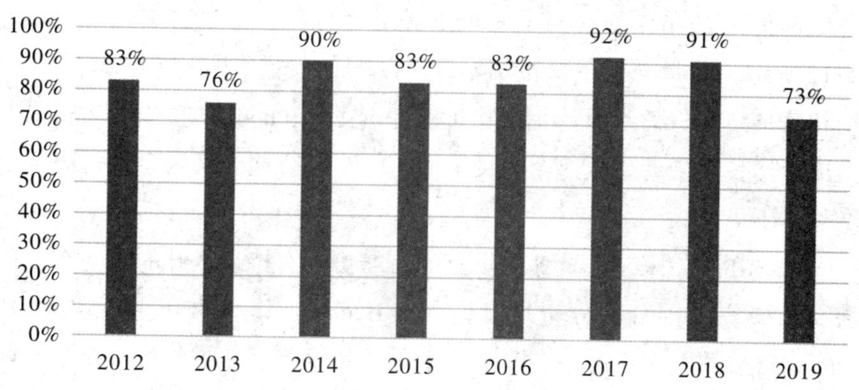

图2-13　2012—2019年美国市场苹果手机用户忠诚度

资料来源　BankMyCell.

① SELLERS D.BankMyCell：iPhone retention is the lowest it's been since 2011［EB/OL］.［2020-10-23］. https：//www.appleworld.today/blog/2019/7/17/bankmycell-iphone-retention-is-the-lowest-its-been-since-2011.

那么苹果公司有可能发明出新的划时代产品来接任iPhone的核心产品，从而带动苹果公司进入新一轮快速增长吗？不排除这种可能性。但是，全新的划时代产品往往可遇而不可求，更何况苹果公司已经失去了天才大脑乔布斯，过去苹果公司的几大划时代产品可以说全部都是由他带来的。另一方面，前文市场竞争部分对苹果公司的研发效率进行分析的结果也表明，苹果公司近年来的研发效率呈下降态势，能研发出新的划时代产品的可能性很小。

那么苹果公司未来就毫无发展机遇了吗？也并不是，苹果公司的部分小业务显露出了一些发展可能性。近年来，属于“可穿戴设备、家居和配件”类别的周边产品业务以及各种流媒体和软件服务业务都有持续上升的势头，苹果的生态圈正在持续构建中。虽然现在看来，更多的还是核心产品带动周边产品和服务，但是若周边产品和服务持续受到好评，那么在未来也有可能是由优质的周边产品和服务帮助核心产品留住用户，甚至是吸引到新的用户，从而增强用户黏性，进入良性循环状态。

由图2-14和表2-4所示，近年来苹果公司所属“可穿戴设备、家居和配件”类别的周边产品发展势头迅猛，出货量持续上升，并且几乎都在发布后的短短几年内就占据了相应市场中的重要地位。具体而言，2016年发布的无线耳机AirPods占据了全球市场53%的份额，位列第一；2014年发布的智能手表Apple Watch占据了全球市场47.9%的份额，同样位列第一；而2017年发布的智能音箱HomePod和高清电视机顶盒Apple TV分别在相应的全球市场中排名第六和第四，也算是不错的成绩。

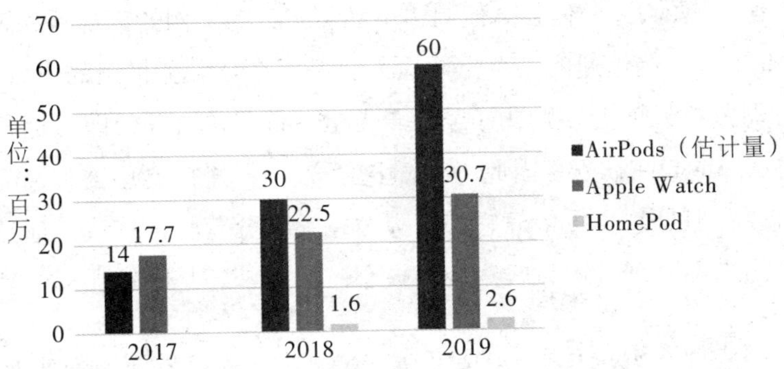

图2-14　2017—2019年苹果公司“可穿戴设备、家居和配件”类别周边产品出货量

资料来源　Strategy Analytics；Trefis.

表2-4　　**苹果公司“可穿戴设备、家居和配件”类别周边产品全球市场份额**

产品	发布时间	市场份额	市场份额排名	数据时间
无线耳机 AirPods	2016年9月	53%	1	2019年二季度
智能手表 Apple Watch	2014年9月	47.9%	1	2019年三季度
智能音箱 HomePod	2017年6月	4.7%	6	2019年四季度
机顶盒 Apple TV	2017年9月	13.21%	4	2019年

资料来源　Counterpoint；Strategy Analytics；eMarketer.

不仅是周边产品表现亮眼，苹果公司的服务业务也在近年来持续向好发展。音乐流媒体服务 Apple Music 每年的付费订阅者都持续上升，在 2019 年付费订阅者同比上升 36%，收揽了全球市场中 19% 的付费订阅者，仅次于 Spotify[①]。而苹果公司 2019 年 11 月推出的视频流媒体服务 Apple TV+也在发布后的短短几个月内取得了佳绩：截至 2020 年 5 月，Apple TV+已获取视频流媒体服务市场中 10% 的市场份额，排名第五[②]。

但是，尽管这一部分“生态圈构建”业务交出了亮眼的成绩单，想要真正依靠它们来拉动公司营收仍然是很难的。由图 2-2 可知，这两部分业务加起来的营收在当前的苹果公司营收中也仅占了 30.74%，大大低于核心产品 iPhone 所占的 50.19%。更何况它们的亮眼成绩很大程度上是由核心产品带动的。很多人都是先接触核心产品 iPhone 等，而后成为苹果“铁粉”，去购买和体验其他周边产品和服务的。例如，视频流媒体服务 Apple TV+发展迅速的一个重要原因就是，在该服务推出的伊始之际，苹果公司宣布只要近期购买了苹果产品 iPhone、iPad 等，即可免费获赠一年的 Apple TV+服务。因此，虽然这两部分业务有上升势头，蕴含着一些机遇，但是想真正依靠它们支撑公司大部分营收，抑或是通过它们构建出的生态圈来带动新客户购买核心产品，都还是比较遥远的梦。

---

① PETERSON M. Apple Music subscriber base grew 36% in 2019, second only to Spotify ［EB/OL］.［2020-10-23］. https://appleinsider.com/articles/20/04/04/apple-music-subscriber-base-grew-36-in-2019-second-only-to-spotify.

② SELLERS D. Apple TV+ now has 10% of the streaming market ［EB/OL］.［2020-10-23］. https://www.appleworld.today/blog/2020/5/29/apple-tv-now-has-10-of-the-streaming-market.

通过对苹果公司未来的发展进行分析后，笔者认为，苹果公司未来想要达到当前股价里所蕴含的永续增长率3.30%是比较困难的，在基准情形下为苹果公司设定的保守永续增长率是比较合理的。

2.5 案例小结

在乔布斯的带领下，苹果公司所经历的黄金时代已悄然落下帷幕。在他逝世后的当前，苹果公司正处于一种较为尴尬的境地。

诚然，苹果公司仍然是一个庞然巨物，它的地位在一朝一夕间难以轻易被撼动。根据普华永道发布的2021年全球市值百强企业排名，苹果公司以20 510亿美元的股票市值重返榜首。并且，它的核心产品iPhone在全球手机市场中仍占有14%左右的份额，世界各地仍然有很多苹果的忠诚用户。苹果公司推出的各种周边产品以及软件服务总是能在发布后的较短时间内就在各自相应的市场中占据重要位置，也显示出了苹果公司目前拥有大量用户存量。

但在这种光鲜之下，危机已悄然浮现——占据公司营收绝大部分的核心产品iPhone面临着市场竞争力下降的难题，并且苹果公司也暂时没有其他产品可以顶替其核心产品地位。在全球手机市场上，最大的竞争对手华为势如破竹，于2019年实现了对苹果公司的反超，夺走了苹果公司占据了多年的第二名的位置。即使是在华为被贸易制裁后束手无措的美国市场，苹果公司也面临着自身创新力下降等问题带来的用户忠诚度下降的现象。

手机行业，或者说得更广泛一点，电子产品行业是一个高度竞争的行业，并且对科技创新的要求非常高。在这个行业中，若是技术更新换代的速度跟不上竞争对手，就很容易被竞争对手甩在身后。尽管苹果公司目前仍然是个在全球范围内鼎鼎有名的大公司，但是若科技创新比不过竞争对手，那么也只能走上“吃老本”的道路，最终被更多竞争对手赶超。近几年来，同样是投入了越来越多的研发费用，华为将其转化为了逐年递增的研发成果，而苹果的研发成果却逐年下降，这是一个值得警惕的现象。

在估值方面，在剩余收益模型中假设永续增长率g为1%的情况下，估值结果显示苹果公司当前的股价被市场高估了，可能是个不值得投资的标的，除非未来苹果公司重新掌握了提高市场竞争力的秘诀，能实现更高速的增长。

那么苹果公司未来如何实现更高速的增长呢？努力构筑生态圈或许是个不错的战略，但是目前来看这些周边产品和服务在很大程度上仍然只是核心产品的附加部分。它们能否真正扛起公司营收大梁，能否真正吸引到更多新的用户，都还需要在未来一段较长的时间内继续考察。尽管苹果公司“可穿戴设备、家居和配件”系列的周边产品十分符合未来5G时代的物联网大趋势，但是其他公司无疑也不会放过物联网这个大趋势，最终还是要看谁更有创新力，谁能带给用户更佳的体验，谁才能最终在市场竞争中获胜。

第3章　Google：搜索巨头能称霸互联网吗

3.1　Google的互联网帝国

3.1.1　“非传统精神”激励创新，“不作恶”收获掌声

1998年9月4日，拉里·佩奇和谢尔盖·布林创立了全球最大的搜索引擎公司——Google（Google Inc.）。纽约大学斯特恩商学院教授斯科特·加洛韦（Scott Galloway）在其著作《互联网四大》中称Google为现代人的“上帝”，是我们获取信息的源泉。2004年8月19日，Google公司在纳斯达克上市。2015年8月11日，公司改组，母公司Alphabet成立，Google成为Alphabet的子公司。此次调整还将原先Google一些与核心业务关系不大的业务拆分成立新的子公司，包括家庭互联网连接设备制造商Nest、抗老化生物技术公司Calico、风投公司Google Ventures等。Alphabet公司组织架构如图3-1所示。

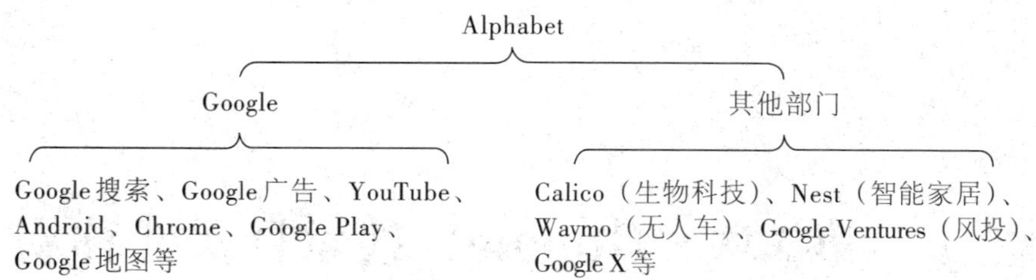

图 3-1 Alphabet公司组织架构

资料来源 根据公开资料整理.

创始人拉里和谢尔盖在最初的创始人信中写道："Google不是一家传统的公司。"这种非传统的精神激励Google专注于不断创新。据维基百科不完全统计，Google部门的产品已经达100多种。[①]I/O大会是Google的网络开发者年会，寓意"开放中创新"（Innovation in the Open）。从2008年举办第一届至2020年，Google已经连续举办了12届I/O大会（见表3-1），展示出了其持续不断的创新能力。

表 3-1 历届I/O大会基本情况

届次	举办时间	发布产品
第一届	2008年	Google Web Toolkit1.5候选版
第二届	2009年	Android、App Engine、Chrome等
第三届	2010年	Android2.2操作系统
第四届	2011年	Android3.1、Google Chrome OS系统的笔记本Chormebook
第五届	2012年	Nexus7平板电脑、NexusQ媒体串流设备、Google Glass、Android4.1操作系统
第六届	2013年	Google地图、Google Now搜索、全新的Google Play等
第七届	2014年	全新移动操作系统Android L、车载系统、智能手表系统
第八届	2015年	移动端、可穿戴以及物联网三大智能平台
第九届	2016年	Google Assistant、Google Home、Allo、Duo
第十届	2017年	Google Lens、Android O、VR眼镜等
第十一届	2018年	更新Google Assistant、Google News、Android P等
第十二届	2019年	更新Google Assistant、Google Go、Live Transcribe、Android Q等

资料来源 根据公开资料整理.

① 佚名. 谷歌产品列表［EB/OL］.［2020-10-23］. https://zh.m.wikipedia.org/wiki/Google%E4%BA%A7%E5%93%81%E5%88%97%E8%A1%A8.

“完美的引擎，不作恶”（The perfect search engine，do not be evil）是Google耳熟能详的口号，“不作恶”可以说是Google企业文化的代名词。虽然在2018年Google向其员工发布的行为准则将“不作恶”删除，改为“做正确的事”（Do the right thing），但是“不作恶”的思想已经深深地融入Google的文化和理念之中，比如Google会为用户提供免费的产品，功能上不弱于商业版本，并有所创新；为帮助用户识别广告，Google会在明显的位置标注广告；坚持开源，包括机器学习系统TensorFlow、Java常用库Guava、JavaScript编译器Traceur等对互联网技术发展有极大推动作用的项目。虽然在隐私问题上，Google的“不作恶”受到了质疑，但是不可否认的是Google在公益项目上的贡献，比如在2019年I/O大会上发布的Google AI的两大项目：Google研究人员利用深度学习模型来发现肺部的病变，可使40%的患者提高生存率；Google聚集不同组织，致力于发现细菌病变，以提高公共健康水平。

3.1.2 战略收购组建互联网帝国

收购一直以来都是Google的重要战略组成部分。截至2019年末，Google进行了超过200起收购，收购项目类别多种多样，Google也由此组建起了庞大的互联网科技帝国，其中不少对Google未来发展产生巨大影响的收购项目，比如：

（1）收购Android——PC端到移动端的明智之举

2003年，安迪·鲁宾（Andy Rubin）创立了一家小型无线软件创业公司Android Inc.。2005年，Android因面临资金问题，便向各大互联网公司募集资金，其中就包括Google，最终Google以5 000万美元收购了Android公司，为自己拓展移动端业务板块奠定了坚实的基础。同时，Google对Android的收购不仅仅是平台的收购，也是人才的收购。在收购完成后，Android创始人鲁宾便作为Android项目的负责人加入Google，开发基于Linux内核、功能灵活、操作方便的移动操作系统。2019年I/O大会，Android系统已经更新至Android Q版本，将人工智能融入系统中，也加强了对安全和隐私的管理。根据StatCounter的数据，

Android操作系统占移动操作系统市场一半以上的市场份额，如图3-2所示。Android手机的默认浏览器一般设置为Chrome浏览器，Google Play商店则是Android手机安装新APP的重要入口（中国用户除外），虽然在2018年，欧盟针对“Google在Android操作系统中的垄断行为”要求Google支付43.4亿欧元罚款之后，2019年Google允许欧洲地区的Android用户更改默认浏览器，但是Android用户还是习惯使用Chrome浏览器和使用Google Search进行搜索，通过Google Play商店进行APP下载也是Android用户的首选。Android平台的发展壮大提高了Google搜索和其他服务的利用率，也正是搜索和服务推动了Google广告的发展，逐步巩固了Google线上广告霸主的地位。不少人称Google收购Android是Google几百起收购项目中最成功的一起，虽然收购Android公司的成功无法准确地用现金流来衡量，但是Google对Android公司的收购必定是Google战略上的成功。

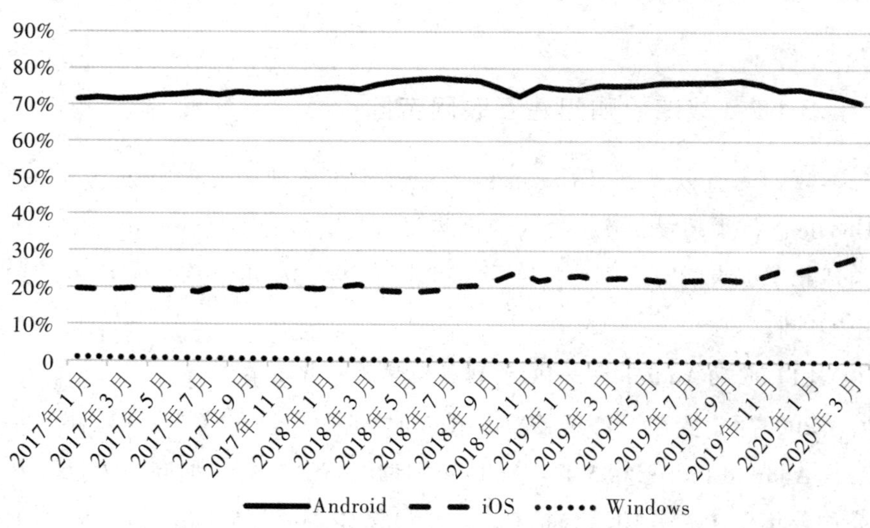

图3-2 2017—2020年全球移动操作平台份额

资料来源 StatCounter.

（2）收购YouTube——视频广告

Google的目标是解答所有问题，整合所有信息，视频自然也是一种重要的信息媒介，在还没收购YouTube之前Google的视频信息主要在Google Video，但是Google Video的视频观看次数以及活跃用户数处于较低水平，如何扩展视频媒介业务迫在眉睫。2006年，YouTube成立还不满两年，员工数量也不超过100个，但是YouTube是当时发展最快的视频网站，视频观看次数和活跃用户数远远超过Google Video，同时YouTube有社区能进行互动，所以Google在2006年通过股票换股的方式收购了YouTube。前期YouTube面临的最大问题就是变现难，Google通过提升视频质量和优化广告形式两条途径解决这一问题。前期YouTube的视频主要以“鬼畜”视频为主，广告主担心会影响品牌形象，同时用户大多是消费能力偏差的年轻人，广告主也担心没有合适的受众，如何提高视频质量成为YouTube发展必须迈过去的一道坎。

第一个高质量内容的来源便是传统媒体内容，在收购YouTube的当天，Google就宣布与CBS、华纳、索尼等媒体公司达成视频内容合作，鼓励各大传统媒体公司在YouTube上创建频道，上传电视节目内容。

第二个高质量内容的来源是YouTube不断扶持的原创内容，在被Google收购后的第二年，YouTube开始和内容主分享平台获得的广告收益。在前期，Google在YouTube的广告形式主要是首页广告以及视频页Banner和贴片，但首页带来的流量有限，视频页的贴片和Banner又容易被用户忽视。为保证广告主利益，YouTube选择视频播放区这一高流量区作为广告的主要投放点，投放在视频播放区的广告产品就是TrueView，即只有用户观看了广告后，才会向广告主收费。再加上Google背后强大的广告投放算法系统，YouTube能够更加精准地将广告投放给合适的受众，所以越来越多的广告主愿意在YouTube上投放广告。在解决了YouTube变现难的问题之后，YouTube的大流量势必带来高带宽成本，但在谷歌云不断发展后，带宽成本不断下降。收购YouTube后，经过Google的不断努力，YouTube广告投放收入也在逐年上升，2019年YouTube广告收入达151.49亿美元，对Google部门广告业务的贡献也越来越大。

（3）收购DoubleClick和AdMob——完善广告产品线

2007年，Google以31亿美元收购线上广告代理商DoubleClick，DoubleClick是一家全方位的广告技术服务公司，从广告创意到投放再到管理全部一手包办，Google进一步完善了其广告产品链。2009年，Google以7.5亿美元收购移动广告服务商AdMob，AdMob负责承包APP的广告位，而Google负责广告的售卖、投放以及双方分成，这让Google顺利在移动端布局了自己的广告业务。2018年5月，Google整合已有的广告产品线，推出Google Ads、Google Marketing Platform以及Google Ad Manager（Google Ads代表了Google提供的全线广告服务；Google Marketing Platform是针对广告主的DoubleClick和Google Analytics 360 Suite两个产品的整合体，它可以帮助强化企业营销团队之间的协作；Google Ad Manager是一款帮助网站站主管理其网站上广告空间的工具，是DoubleClick for Publisher广告站主广告管理系统（DFP）和DoubleClick Ad Exchange广告交易平台的整合体（AdX））。Google广告业务形成了既有面对网站站主和APP开发者的平台（Adsense和AdMob）以及帮助网站站主管理其网站广告空间的工具Ad Manager，又有面对广告主的平台（Ads）以及帮助广告主投放广告的Marketing Platform。Google广告产品线的完善巩固了Google线上广告霸主的地位。

（4）收购DeepMind——布局人工智能

2014年以4亿英镑收购DeepMind，说到DeepMind很多人都会想起阿尔法狗。阿尔法狗是DeepMind向外界展示人工智能的探索成果之一。阿尔法狗这个人工智能程序通过机器学习，先后打败李世石、柯洁等顶尖人类围棋手，成为一名顶尖围棋手。阿尔法狗的出现一度炒热了人工智能这一概念，并且持续至今。2017年7月，DeepMind筹备在加拿大建立首个国际AI研究实验室，旨在通过科学研究来推动AI的发展，并致力于通过机器学习技术和算法来解决复杂的问题。但是从2019年DeepMind向Companies House提交的财报中得到的信息却不容乐观，2018年DeepMind实现营收1.03亿英镑，同比增长了88.9%，但是要注意的是，DeepMind主要的营收业务是前沿机器学习研究和应用，包括向其他公司提供技术服务，这里的其他公司指的是Google，也就是说，DeepMind的投资者是Google，客户也是Google。但是同比增长接近90%的营收并不能扭转DeepMind持续亏损的局面，2019年亏损达4.70亿英镑，比2017年的亏损还增加了1.68亿英镑。而亏损的主要原因是营运成本的增加，特别是员工支出的增加，2018年员工成本及相关费用达3.98亿英镑，同比增长了98.13%，比2018年的营收还多了2.65亿英镑。这是因为近年来DeepMind一直在大力招募机器学习研究人员和数据科学家，所以人力成本一直高企。DeepMind专注于AI前沿科技研究，也取得了一定的成果。2019年，DeepMind研究人员在Nature杂志上发表成果，表示已经开发出一种算法，能提前48小时预测急性肾损伤。也正是因为DeepMind较出色的AI研究能力，Google愿意不断烧钱供给DeepMind进行AI的研究，帮助Google占据AI高地并推动其产品的进一步发展。虽然AI研发之路路途漫漫，但商业变现和长期运营问题也不能忽视，DeepMind如何将人工智能商业化也是DeepMind和Google管理人员需要考虑的重大问题。

（5）收购Looker——布局云计算

2019年12月，Google获得了所有必要的监管许可，完成了对Looker的收购，交易价格为26亿美元。Google期望将Looker添加到Google Cloud中，以帮助客户加快分析数据，交付商业智能以及构建数据驱动的应用程序的方式。Looker是一家数据分析公司，是商业智能、数据应用和嵌入式分析的统一平台，更多面向的是企业客户（B端用户），Looker网站[①]首页显示："我们帮助了2 000多家公司在数据中找到真正的力量和选择（We help 2000+ companies find true power and choice in their data）。"那么Looker能给谷歌云带来什么呢？谷歌云CEO Thomas Kurian在Blog[②]中指出，Looker将增强谷歌云的分析和数据仓库功能（包括BigQuery），使Google的客户能够更快地解决其最棘手的业务挑战，同时又保持对数据的完全控制。Advisory Services首席研究官Howard Dresner说："我们直接从客户反馈中得出的研究表明，Google Cloud在分析数据基础架构（Analytic Data Infrastructure）方面处于领先地位，而Looker在企业商业智能方面处于领先地位。我们看到了他们的解决方案之间的协同作用，并相信此次收购将增强他们共同为企业客户

---

① Looker网站主页：https：//looker.com/。
② Google Cloud Blog页面：https：//cloud.google.com/blog/topics/inside-google-cloud/google-completes-looker-acquisition。

提供服务的能力。”总体来说，收购Looker这一行为可以帮助谷歌云增强其数据分析能力，进一步拓展B端市场。

至今，虽然谷歌的收购行为没有2011年、2012年狂热，但是Google仍将收购作为其拓展、完善、优化业务的战略之一。当然，也发生过收购失败，比如，2011年Google以125亿美元购入摩托罗拉的移动设备业务，2014年便将该业务转手给联想，转让价仅为29.1亿美元，Google亏损了近100亿美元，可见收购带来的风险也不容小觑。

3.2 Google稳固线上广告帝国，布局云计算与人工智能

3.2.1 业务总览

Google当前的业务发展用一句话概况就是：广告业务仍占主营地位，但收入增速放缓，非广告业务正崛起，持续推进对AI、云计算等领域的长期投资。

2019年，Alphabet母公司实现1 618.57亿美元的营业收入，同比增长了18.30%，其中Google部门实现1 607.43亿美元的营业收入，占Alphabet母公司营业收入的99.31%，自2015年公司重组后，Alphabet母公司的主要营业收入均来自Google部门，Google部门的营业收入占比均在95%以上。其他业务部门由于还处于研发及优化阶段，还未能产生较大的现金流。其他业务部门包括Access、Calico、CapitalG、GV、Verily、Waymo和X等，收入主要来自通过Access出售互联网和电视服务以及通过Verily进行许可和研发服务。

2019年，Google部门广告业务收入达1 348.11亿美元，同比增长了15.90%，占Google部门总收入的83.83%。由图3-3和图3-4可以看出，Google部门的收入仍主要由广告业务创造，但是非广告业务创造的营收贡献也在不断增加，2019年非广告业务收入达259.32亿美元，同比增长30.27%。年报显示，这是因为其致力于通过Google Cloud、

Google Play、硬件产品和YouTube订阅等产品和服务向用户推广产品。虽然Google部门广告业务收入以及非广告业务收入的增速都有所放缓，但是非广告业务收入的增速一直都在广告收入增速的上方，增速为30%～40%，属于较高速的增长，如图3-5所示。

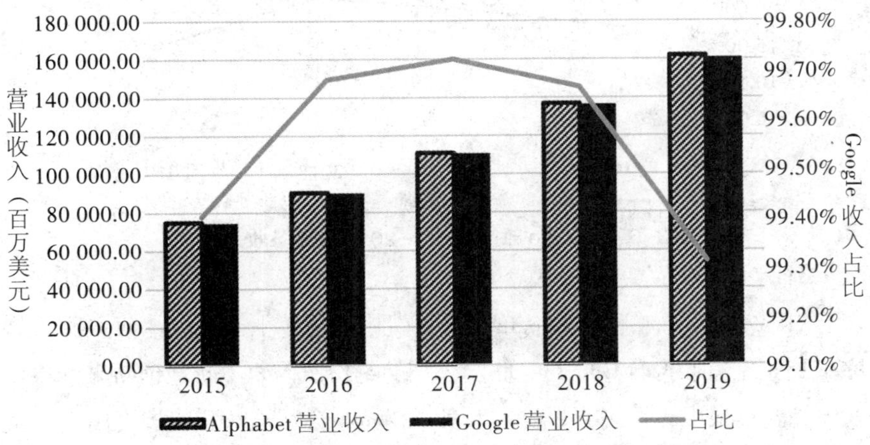

图3-3　Alphabet和Google部门2015—2019年营业收入

资料来源　Wind数据库.

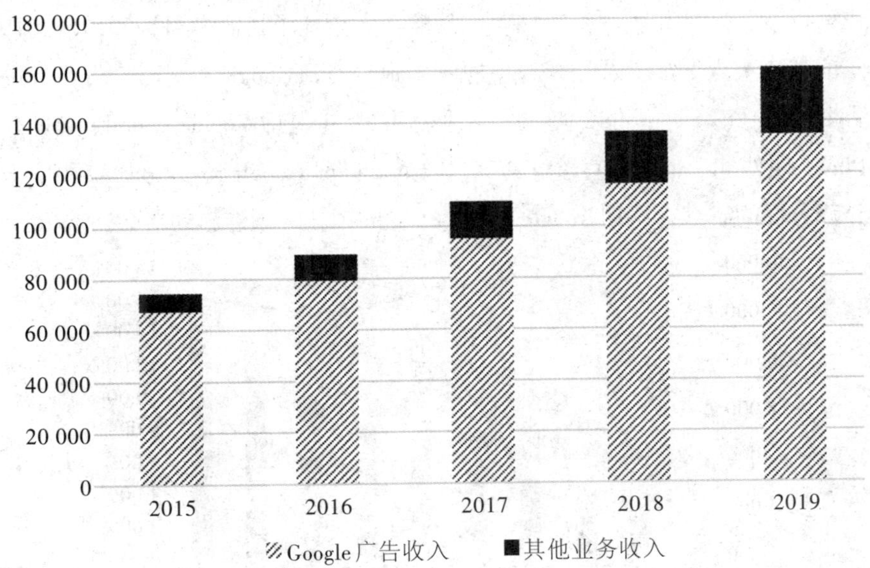

图3-4　Google部门2015—2019年营业收入构成（单位：百万美元）

资料来源　Wind数据库.

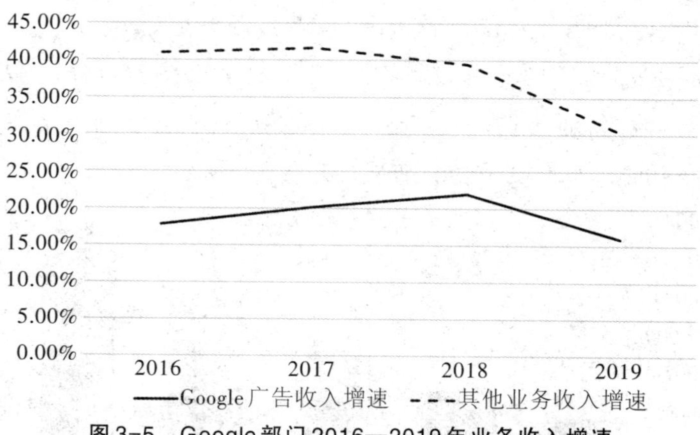

图3-5 Google部门2016—2019年业务收入增速

资料来源 Wind数据库.

由图3-6可以看出，Google的研发费用是逐年上升的，占收入比重维持在15%左右，符合Google互联网公司的身份，需要不断地创新来维持竞争优势。年报中也提到为了扩展业务，Google会在运营和资本支出上（主要在系统、数据中心、公司设施、信息技术基础架构和员工方面）进行大量投资，但是战略重点变得更加丰富。2015年以前提到的战略重点为搜索、广告以及新产品和服务，2016年的战略重点增加了机器学习，2017—2019年的战略重点增加了云计算。2019年年报也提到Google将对非广告业务进行长期投资，期望可以使非广告业务收入（包括Google Cloud、Google Play、硬件和YouTube）超过其广告收入。同时Google还投资于AI和量子计算方面的研究，协助Google在各行各业的创新并创造新的机会。

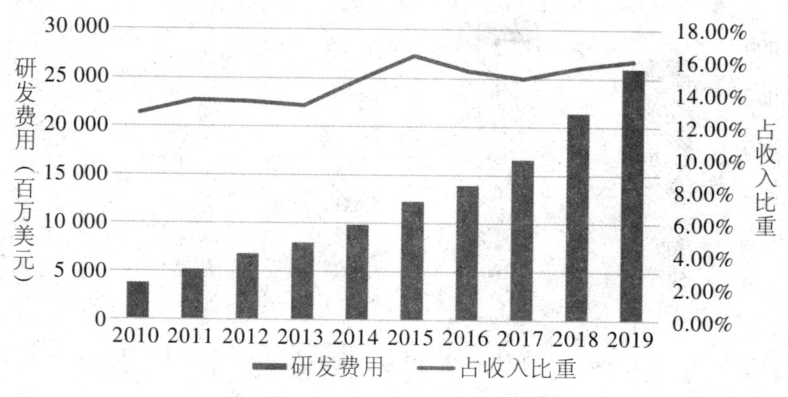

图3-6 2010—2019年研发费用

资料来源 Wind数据库.

3.2.2 核心业务：广告业务

（1）广告业务财务收支情况

如图3-7所示，2019年Google部门广告业务收入达1 348.11亿美元，主要来自Google自有产品（Google搜索、YouTube以及其他产品）以及Google联网成员的产品（主要是参与AdMob，AdSense和AdManager的Google联网成员），其中Google自有产品的广告收入为981.15亿美元，同比增长了17.43%，这一增长主要是由相互关联的因素驱动的，包括因用户采用率和使用率（主要是移动设备）的持续增长导致搜索查询的增长和广告客户活动的持续增长，以及Google改进了广告格式和投放方式；Google联网成员的广告收入为215.47亿美元，同比增长了7.68%，这一增长主要是由AdManager和AdMob的收入增长所驱动的。

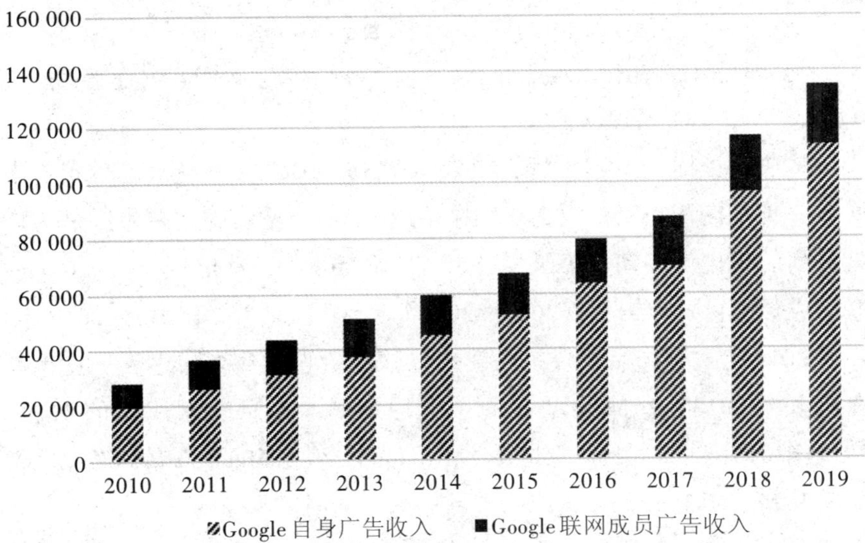

图3-7 2010—2019年Google部门广告业务收入（单位：百万美元）

从2010—2019年Google部门广告业务收入占比来看，Google部门广告业务收入主要还是以Google自有产品的广告收入为主，Google自有产品的广告收入主要分为Google搜索及其他与YouTube广告收入两部分。2019年年报首度披露了YouTube业务收入的情况。2019年YouTube

广告收入达151.49亿美元，同比增长35.80%。从公布的2017—2019年数据来看，YouTube广告收入在逐年增长，且增长率均超过了35%，对Google部门广告业务收入的贡献越来越大，如图3-8所示。

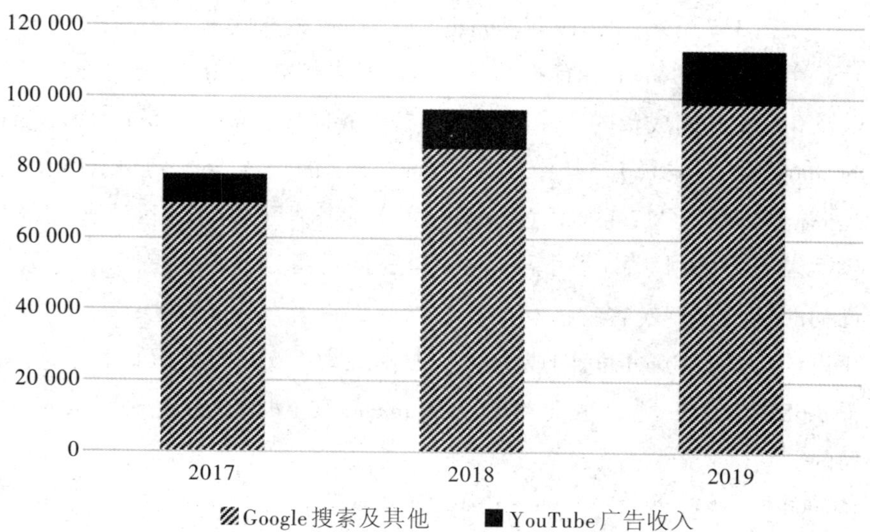

图3-8 2017—2019年Google自有产品广告业务收入（单位：百万美元）

资料来源 Wind数据库.

从获利指标[①]的角度来看，2013—2019年Google自有产品付费点击次数一直都在增长（如图3-9、图3-10所示），增长的主要原因是对广告计划的优化使移动搜索量增长以及YouTube的互动广告增长。Google联网成员的付费点击数（2013—2016年）和展示次数（2017—2019年）除了2015年由于产品和政策的变化导致付费点击数下降之外一直也都在增长。2013、2014年增长的主要原因是Google联网成员的增加，2016—2018年的增长主要是由于AdMob以及AdManager带来的增长，如图3-11、图3-12所示。

需要注意到的是，由于在2017年第一季度，Google改进了付费点击和单次点击费用的计算方法，囊括了TrueView互动广告等其他类别，并排除了基于非互动的使用广告格式，所以在获利指标分析部分将分为

① 每次点击费用的定义是由点击驱动的收入除以付费点击总数，并表示Google针对用户的每次参与向广告客户收取的平均金额。
每次展示费用的定义是基于展示的收入和基于点击的收入除以总展示次数，代表每次展示给用户的广告费用Google向广告客户收取的平均金额。

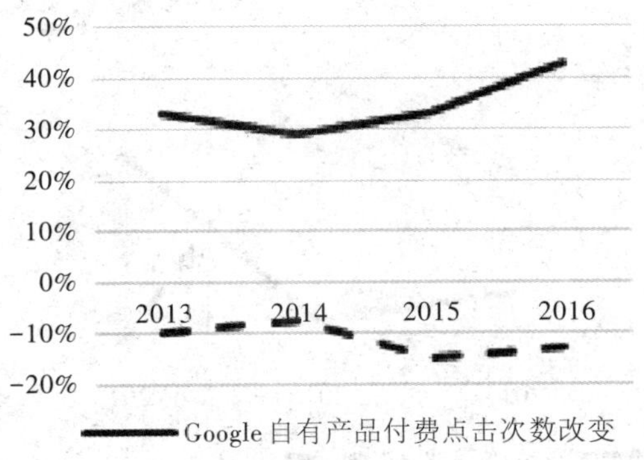

图3-9　2013—2016年自有产品付费点击次数和费用改变

资料来源　Google公司年报.

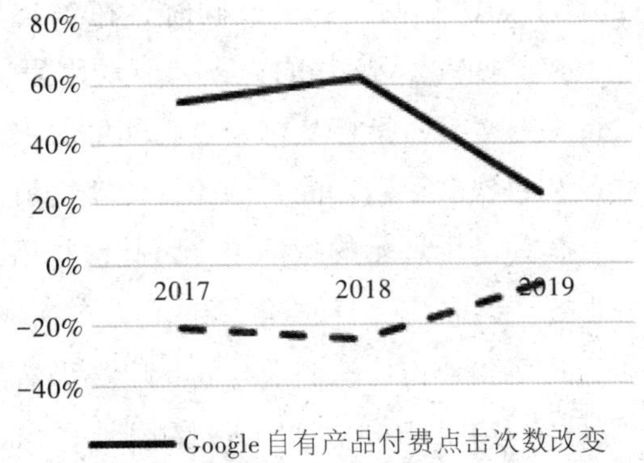

图3-10　2017—2019年自有产品付费点击次数和费用改变

资料来源　Google公司年报.

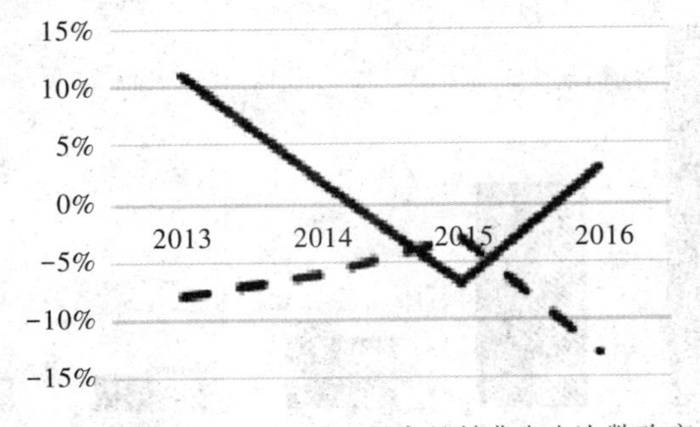

图3-11　2013—2016年联网成员付费点击次数和费用改变

资料来源　Google公司年报.

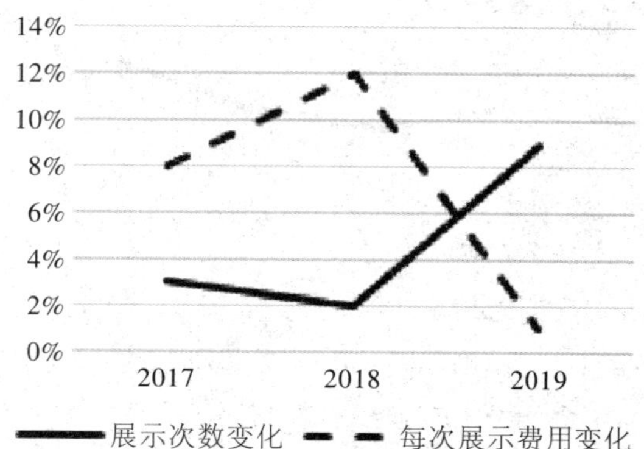

图3-12 2017—2019年联网成员展示次数和费用改变

资料来源 Google公司年报.

2013—2016年和2017—2019年两个部分。同时，在2018年由于Google基于展示的收入已成为网络收入增长的更重要驱动因素，所以在2018年第一季度，Google将网络收入指标从付费点击和每次点击费用的百分比变化过渡到了展示和每次展示费用的百分比变化。之前网络业务产生的基于点击的收入包含在基于展示的指标中，因此这些指标几乎涵盖了Google的所有网络业务。

从美国数字广告市场份额占比来看，Google广告仍然是美国数字广告的一大霸主，但是随着Facebook、Amazon的发展，Google数字广告市场份额在被逐步蚕食，如图3-13所示。

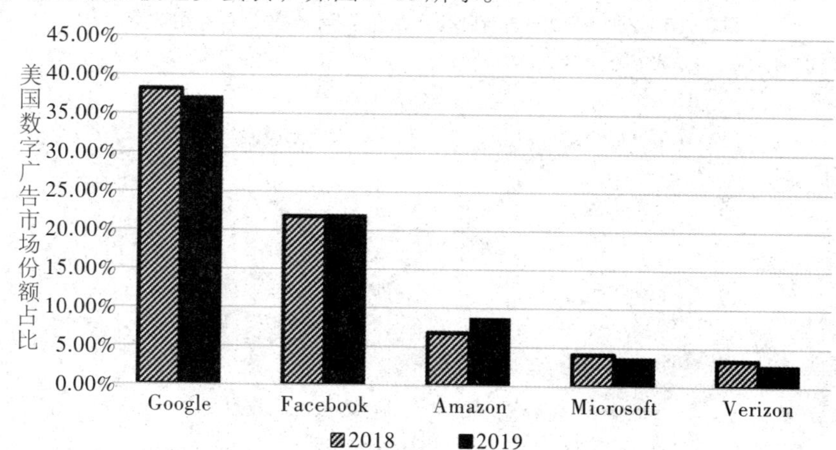

图3-13 2018—2019年美国数字广告市场份额

资料来源 eMarketer.

（2）为何强大

虽然现在线上广告的竞争愈发激烈，Google的广告业务市场份额逐步被蚕食，但是Google广告业务仍然是其主要的收入来源，仍然占有美国线上广告大部分市场份额，所以我们来聊聊为什么Google的广告业务可以如此强大。

Google广告业务如此成功的原因主要有四个：丰富的广告产品、平台优势、完善的广告系统以及其投放算法优势。这四个条件除了第一个比较容易被复制之外，其他三个条件都需要经过长时间的产品链整合以及技术研发，竞争对手难以复制，由此Google得以登上线上广告霸主宝座。接下来，我们将对Google广告业务成功的四个原因进行详细展开，让我们看看Google是如何坐上线上广告霸主之位的。

第一，丰富的广告产品。Google广告类型主要有五种：搜索广告（当用户搜索某个关键词时，搜索结果会出现与关键词相关的文字广告）、展示广告（向广告主定位的特定群体或网站展示广告）、购物广告（将包含产品照片、名称、价格及商店名称等的广告展示在用户的搜索结果中）、视频广告（在YouTube上或整个Google展示广告网络上展示视频的广告）、应用推广广告（UAC：目标客户是APP类广告主，为他们定制一套从广告投放、广告管理到用户转化的全方位方案）。当然，Google除了有丰富的广告类型满足广告主不同的需求外，还为不同类型的广告主提供了不同的付费方式。Google的付费方式有四种：按照点击次数付费、按照展示次数付费、按照转化次数付费、按照视频观看次数付费。当广告主的投放目标是吸引用户点击时，广告主可以选择按照点击次数付费；当广告主的投放目标是提高品牌展示率时，广告主可以选择按展示次数付费；当广告主的投放目标是实现高的转化率且使用智能型展示广告系列或标准展示广告系列时，可以选择按转化次数付费；当广告主想投放的是视频广告时，可以选择按照视频观看次数付费。

第二，平台优势。PC时代，互联网信息以网站的形式存在，浏览器、搜索成为用户接触互联网信息的入口，而Google凭借Google搜索引擎、Chrome浏览器牢牢把握住这两个入口。根据StatCounter的数据，近几年，Google搜索引擎占全球搜索引擎的市场份额达到90%，Chrome浏览器占全球浏览器搜索引擎的市场份额达到50%以上。移动时代，信息分布在APP中，在这一背景下，Google2005年收购了Android操作系统，2006年收购了YouTube。Android手机的默认浏览器一般设置为Chrome浏览器（中国用户、欧洲用户除外），Google Play商店则是Android手机安装新APP的首选（中国用户除外）。加上Google对Android用户的数据信息优势，可以通过机器学习自动地帮APP类客户找到合适的潜在用户，对应用开发者而言，如果要在Android系统上推广，Google广告是极其重要的选项。YouTube是全球网民一个重要的娱乐入口，开启了Google视频广告新时代，前期通过提升视频质量和优化广告形式两条途径解决YouTube变现难的问题，之后通过谷歌云解决YouTube带宽成本高企的问题，现在YouTube也源源不断为Google贡献收入。

第三，完善的广告系统。2003年3月，Google推出AdSense，AdSense是一个广告流量联盟，网站站主加入AdSense之后将网站的广告位承包给Google，Google负责招揽广告主进行投放。2007年4月，Google收购DoubleClick，DoubleClick是一家全方位的广告技术服务公司，通过这一收购，Google完善了其广告全链条的服务能力。2009年11月，Google收购移动应用提供商AdMob，AdMob可以理解为移动APP版的AdSense，即它负责承包APP的广告位，这也让Google在移动时代扩充了自己的广告边界。2018年5月，Google整合广告产品线，推出Google Ads、Google Marketing Platform以及Google AdManager。Google广告业务既有面对网站站主的平台（AdSense和AdMob）以及帮助网站站主管理其网站广告空间的工具AdManager，又有面对广告主的平台（Ads）以及帮助广告主投放广告的Marketing Platform。Google广告产品线的完善巩固了Google线上广告霸主的地位。Google广告产品简介见表3-2。

第四，优秀的投放算法和用户友好。依靠背后强大的机器学习研究团队，Google很早就将机器学习运用在广告业务上，用于预测和分析用

表3-2　Google广告产品简介

产品	使用人群	简介
AdSense	网站站主	广告流量联盟，网站站主加入AdSense之后将网站的广告位承包给Google，Google负责招揽广告主进行投放，获得收益后双方分成
AdMod	移动应用开发者	移动APP版的AdSense，承包APP的广告位，Google负责广告的售卖和投放
AdManager	网站站主以及移动应用开发者	帮助网站站主和移动应用开发者管理其网站或者APP上广告空间的工具
Ads	广告主	涵盖Google如今提供的全线广告服务，包括在Google.com和其他产品，以及合作伙伴的网站和应用程序中的广告
Marketing Platform	广告主	帮助强化广告主营销团队之间的协作

资料来源　根据公开资料整理。

户的行为，以做到更精准的投放。同时为了防止有钱的广告主垄断广告位，Google引入了广告质量得分模式，用来决定广告栏的排位。广告排名分数=最高点击成本×广告质量得分，分数越高，排位越靠前。质量分的统计维度根据广告的点击率、广告主历史表现、落地页的质量等多个维度进行综合评估。这样，质量越高、相关性越强的广告，就能以越低的价格获得广告位。如果广告质量差，即使出价高，排位也可能在后面，这样就可以有效避免资金雄厚的广告主垄断广告位的现象。同时，用户也可以看到更好、更适合的广告。

Google也没有为了赚钱而不顾用户感受一直打广告或者发布虚假广告，而是不断尝试采用各种优化方法来平衡广告主与用户之间的关系，比如YouTube可跳过广告，而且会对视频广告做出标记，Chrome浏览器允许用户安装Adblock插件屏蔽广告等。

3.2.3 长期投资：谷歌云、人工智能项目

2008年4月，Google发布了应用程序引擎，这是其旗下首款云端计算服务。2011年11月，应用程序引擎正式向大众开放。

2019年Google年报首度披露了谷歌云的收入情况，2019年谷歌云的收入达89.18亿美元，同比增长了52.76%，虽然只占Google部门收入的5.5%（如图3-14所示），但是处于不断增长的趋势。谷歌云收入主要来自Google Cloud Platform（GCP），包括基础架构、数据分析和其他服务、G Suite生产力工具，其中最大的推动力便是基础架构和数据分析产品。这也与2019年Google将云计算纳入战略重点有关，同时2019年收购了Looker，期望将其添加到谷歌云中，帮助客户加快其分析数据的速度和构建数据驱动的应用程序，希望使谷歌云成为Google部门业务的未来驱动力之一。2019年除了Looker这笔收购交易之外，Google年初还收购了为云计算提供文件系统的初创公司Elastifile，年底收购了CloudSimple来加强云计算服务。

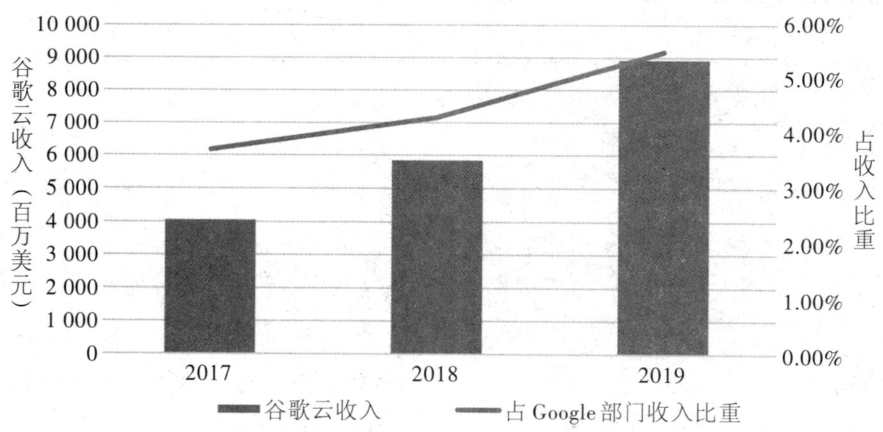

图3-14 2017—2019年谷歌云收入

资料来源 Wind数据库.

目前，微软的智能云和亚马逊的AWS是云业务的领头羊，为了追赶微软和亚马逊，Google已投入大量资金，但从市场份额上看，谷歌云与两位领头羊的差距还是很大，但是市场份额也处于不断上升的趋势，而且谷歌云现也已经能产生收入，如图3-15所示。相信在Google正确的战略指导下，谷歌云也可以在云计算市场分得一杯羹。

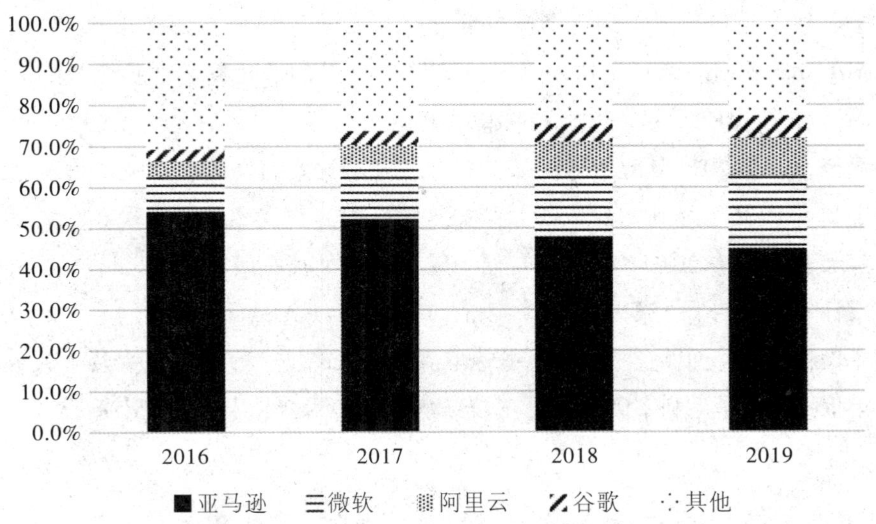

图3-15　2016—2019年全球云计算市场份额

资料来源　Gartner.

Google近几年的I/O大会上发布的产品均与人工智能相关，比如2019年I/O大会发布的Google Assistant整合了更多的机器学习模型，可识别不同音节，并将这些音节组成单词，大大提高执行命令的速度等。可见人工智能仍然是Google的战略重点之一，Google现仍愿意不断烧钱进行人工智能的研究，期望占据AI高地同时推动其产品的进一步发展。虽然Alphabet年报没有单独公布人工智能部门的收入，但是从包括人工智能部门的其他部门收入数据上看，业绩表现不容乐观。人工智能的研究道路漫漫，如何将人工智能产品商业化并达到真正的盈利是Google管理层需要考虑的一大问题。

3.3　财务数据分析

3.3.1　基本数据分析

如图3-16所示，从2015年（Google完成重组，建立母公司Alphabet）以来五年的数据看，Alphabet的营业收入保持持续增长，但是在2019年增速有所放缓，这与Google核心业务广告业务面临越来越多竞争，线上广告市场份额逐渐被蚕食有关。如图3-17所示，除了2017年，Alphabet公司的净利润也一直保持增长，导致2017年净利润负增长的原因是美国2017年颁布了《减税和就业法案》，对美国所得税法进行了重大修改。自2018年起生效的《减税和就业法案》将美国的企业所得税法定税率从35%降到21%，并对某些外国来源的收入和某些关联方付款征收 新的税费。2017年，Google便为以前未缴纳美国所得税的外国子公司累计收入缴纳了一次性过渡税。如图3-18所示，Alphabet公司的毛利也保持增长态势，而营业成本的增长速度高于收入的增长速度，导致毛利率逐年下降，但是毛利率仍然保持在较高水平，2019年毛利率为55.58%。

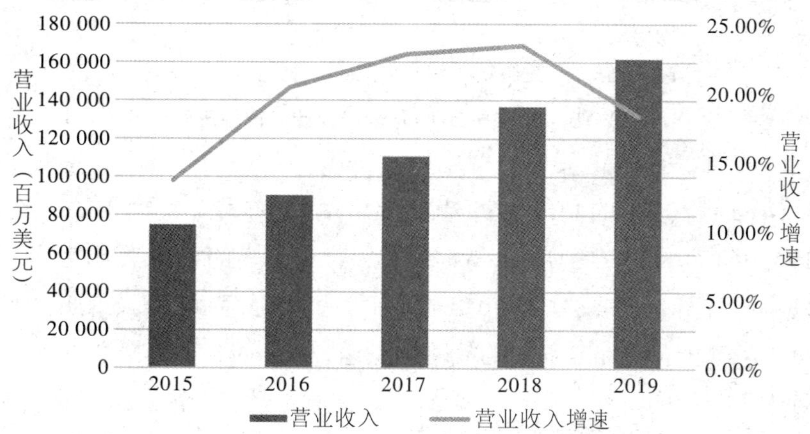

图3-16 2015—2019年Alphabet营业收入

资料来源 Wind数据库.

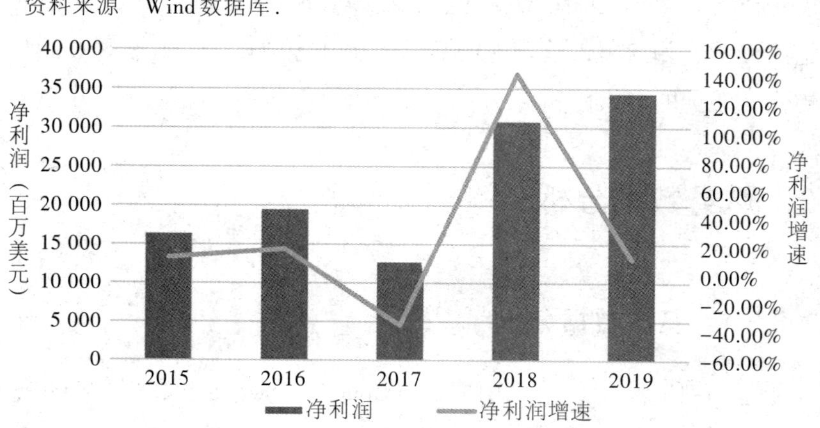

图3-17 2015—2019年Alphabet净利润

资料来源 Wind数据库.

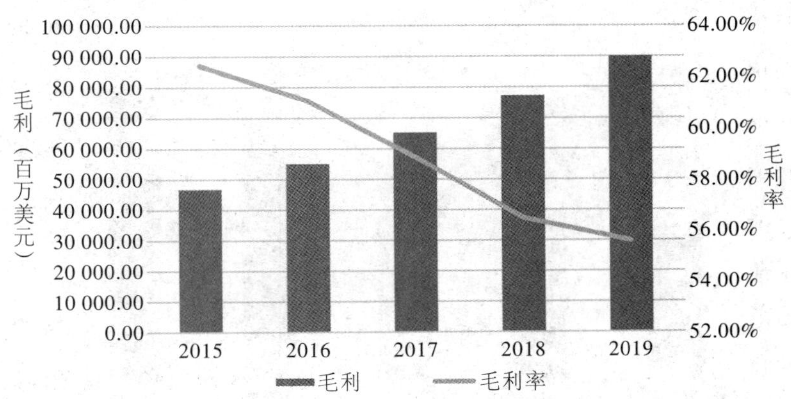

图3-18　2015—2019年Alphabet毛利和毛利率

资料来源　Wind数据库.

如图3-19所示，从2015—2019年的数据看，Alphabet的营业成本保持持续增长，但是在2019年增速有所放缓。Alphabet的营业成本主要由两部分构成：TAC和其他成本。TAC主要指的是支付给Google联网成员和分销合作伙伴的费用。分销合作伙伴包括浏览器提供商、移动运营商、原始设备制造商和软件开发商。其他成本主要是内容获取成本，即向内容提供商支付的费用、数据中心运营费用以及硬件销售和存储费用。如图3-20和图3-21所示，Alphabet的TAC和其他成本一直保持增长，但是增速有所放缓。TAC增长的主要原因是业务向移动端转移，而移动端的费用率往往更高，其他成本的增长主要与YouTube内容获取成本增长和数据中心运营费用提升有关。

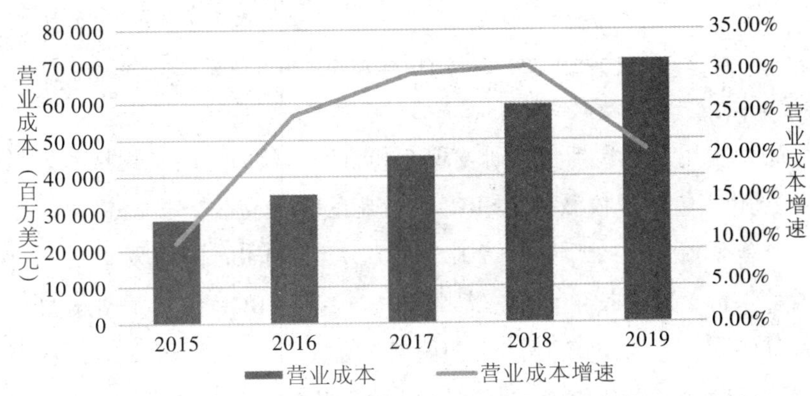

图3-19　2015—2019年Alphabet营业成本

资料来源　Wind数据库和Alphabet公司年报.

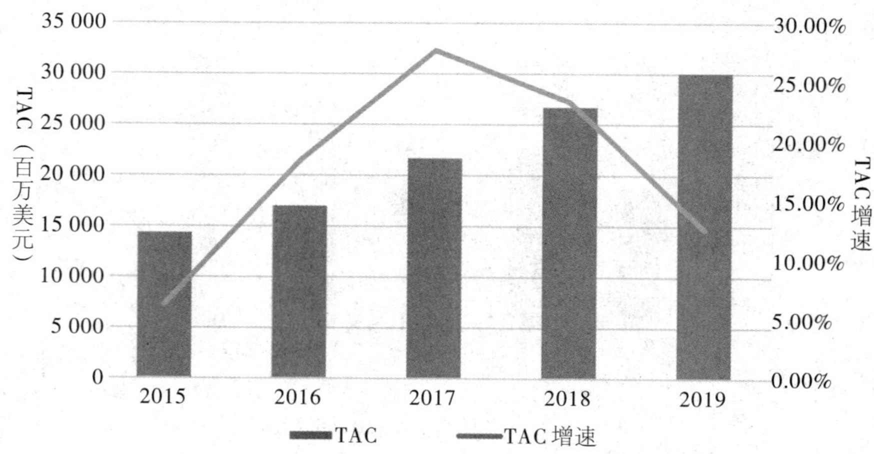

图 3-20　2015—2019 年 Alphabet TAC

资料来源　Wind数据库和Alphabet公司年报.

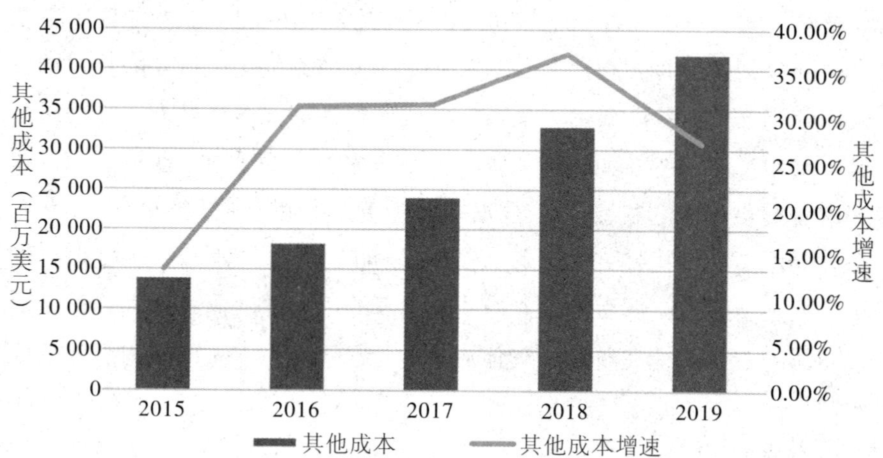

图 3-21　2015—2019 年 Alphabet 其他成本

资料来源　Wind数据库和Alphabet公司年报.

研发费用主要包括负责研发现有和新产品及服务的工程技术人员的薪酬费用（包括股权激励，SBC）、设施的相关费用、折旧费用、专业服务费等。如图 3-22 所示，2015—2019 年 Alphabet 的研发费用一直保持增长态势，该增长主要是由薪酬费用（包括SBC）的增加引起的。

营销费用主要包括与产品和服务相关的广告和促销支出，从事销售、市场营销、销售支持和某些客户服务职能的员工的薪酬费用（包括SBC）及与设施相关的费用。如图 3-23 所示，2015—2019 年 Alphabet

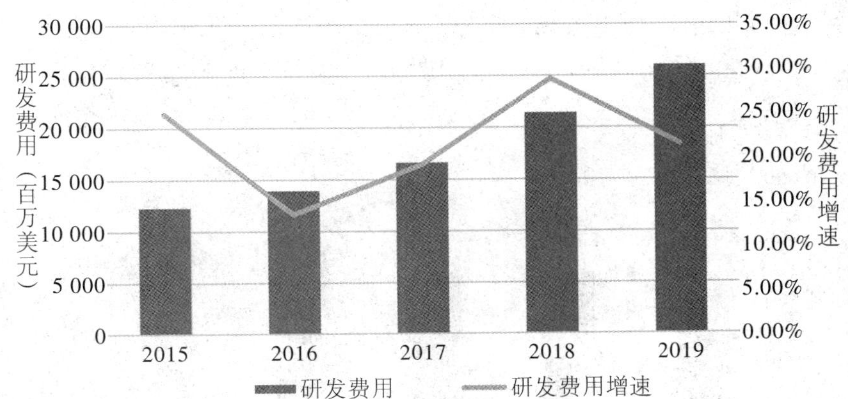

图3-22 2015—2019年Alphabet研发费用

资料来源 Wind数据库和Alphabet公司年报.

营销费用一直保持增长态势，2015年、2018年、2019年该增长主要是由薪酬费用（包括SBC）和与设施有关的费用的增长引起的，2016—2017年主要是由广告和促销费用的增加（2016年硬件产品的营销费用增加，2017年谷歌云和Google Assistant的营销费用增加）引起的。

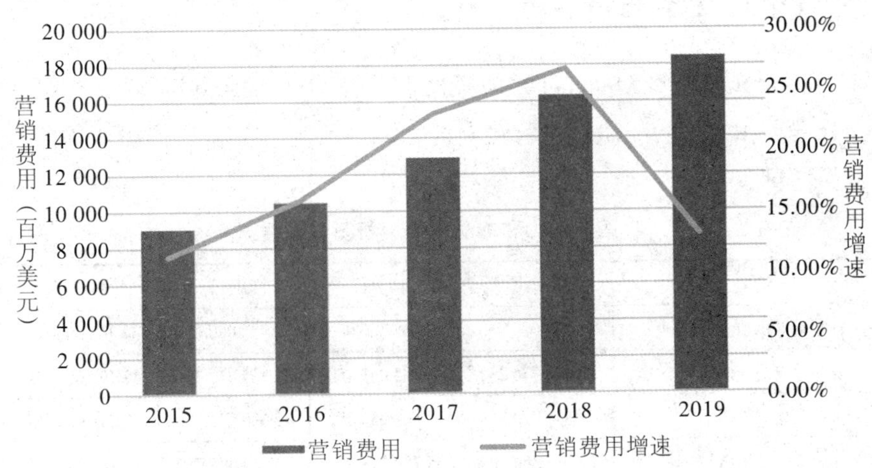

图3-23 2015—2019年Alphabet营销费用

资料来源 Wind数据库和Alphabet公司年报.

一般与行政费用主要包括财务、人力资源、信息技术和法律组织中员工的薪酬费用（包括SBC和与证券收益相关的应计绩效费用），与设施相关的费用，折旧，专业服务费（主要与审计、信息技术咨询、外部法律和外包服务有关）。如图3-24所示，2015—2019年Alphabet的一般与行政费用除了2017年之外一直保持增长态势，该增长主要是由薪酬费用（包括SBC）的增长引起的。2017年有所下降主要是由一般及行政开支减少引起的。

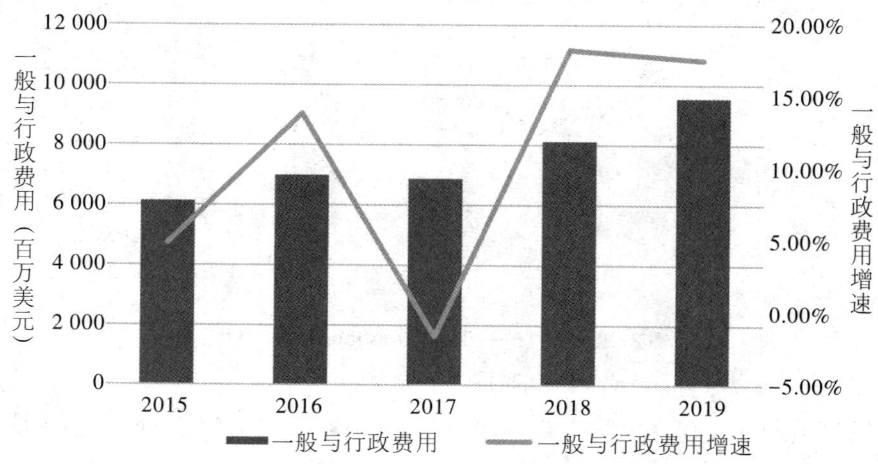

图 3-24 2015—2019 年 Alphabet 一般与行政费用

资料来源 Wind数据库和Alphabet公司年报.

3.3.2 盈利能力分析

通过重新调整Alphabet的财务报表，将Alphabet经营活动和金融活动分开，由此对Alphabet进行盈利能力和增长能力分析，分析所需的基本数据见表3-3。

表 3-3 **盈利能力和增长能力分析基本数据**

指标	2016年	2017年	2018年	2019年
综合收益（Earnings）	19 478 000 000	12 662 000 000	30 736 000 000	34 343 000 000
税后经营收益（OI）	18 636 776 232	12 153 061 450	28 135 417 294	32 197 050 019
净金融收益（RNFA）	841 223 768	508 938 550	2 600 582 706	2 145 949 981
净经营资产（NOA）	57 089 360 000	55 154 275 000	73 184 095 000	87 130 285 000
净金融资产（NFA）	81 946 640 000	97 347 725 000	104 443 905 000	114 311 715 000
普通股东权益（CSE）	139 036 000 000	152 502 000 000	177 628 000 000	201 442 000 000
经营资产（OA）	81 615 360 000	95 978 275 000	124 336 095 000	157 043 285 000
经营负债（OL）	24 526 000 000	40 824 000 000	51 152 000 000	69 913 000 000
普通股东权益回报率（ROCE）	14.01%	8.30%	17.30%	17.05%

注：普通股东权益回报率（ROCE）=综合收益/普通股东权益。

2019年Alphabet的普通股东权益回报率（ROCE）为17.05%。第一步，我们利用下面的式子对ROCE进行分解（见表3-4）：

$$\begin{aligned} ROCE &= RNOA - \frac{NFA}{CSE} \times (RNOA - RNFA) \\ &= 36.95\% - 56.75\% \times (36.95\% - 1.88\%) = 17.05\% \end{aligned} \quad (3-1)$$

其中：RNOA为净经营资产回报率，RNOA=税后经营收益/净经营资产；RNFA为净金融资产回报率，RNFA=净金融收益/净金融资产；NFA/CSE表示财务杠杆。等式表明ROCE由三个因素所驱动：经营盈利性（RNOA）、财务杠杆（FLEV）以及经营差异率（SPREAD，RNOA-RNFA）。

表3-4 ROCE分解

指标	2016年	2017年	2018年	2019年
普通股东权益回报率（ROCE）	14.01%	8.30%	17.30%	17.05%
净经营资产回报率（RNOA）	32.64%	22.03%	38.44%	36.95%
财务杠杆（NFA/CSE，FLEV）	58.94%	63.83%	58.80%	56.75%
	−58.94%	−63.83%	−58.80%	−56.75%
净金融资产回报率（RNFA）	1.03%	0.52%	2.49%	1.88%
经营差异率（SPREAD）	31.62%	21.51%	35.95%	35.08%

将Alphabet 2019年的数据代入式中，我们可以得知，Alphabet的净经营资产回报率RNOA是其股东权益回报率ROCE的两倍多，产生这样的结果的原因是Alphabet积累了大量的金融资产，平均财务杠杆为负值，而净金融资产回报率远低于净经营资产回报率，换言之，就是Alphabet将部分普通股权益投资于金融资产而不是更高收益的经营资产，由此降低了ROCE。

第二步，我们通过对RNOA的分解来分析Google经营活动的杠杆作用。利用下面的式子对RNOA进行分解（见表3-5）：

$$\begin{aligned} RNOA &= ROOA + OLLEV \times OLSPREAD \\ &= 21.55\% + 80.24\% \times 19.20\% = 36.95\% \end{aligned} \quad (3-2)$$

其中：ROOA为没有经营负债的经营资产回报率，ROOA=（经营收益+隐含利息）/经营资产，隐含利息=短期借款利率×经营负债（由于Alphabet没有公布短期借款利率，但是年报提到的短期债务是发行票据，所以使用了2018年美国3个月票据的平均利率作为Alphabet的短期借款利率）；OLLEV为经营负债杠杆，OLLEV=经营负债/净经营资产；OLSPREAD为营业负债杠杆差异率，OLSPREAD=ROOA-短期借款利率。

表3-5 **RNOA的第一种分解**

指标	2016年	2017年	2018年	2019年
经营资产回报率（ROOA）	23.09%	13.27%	23.59%	21.55%
营业负债杠杆（OLLEV）	42.96%	74.02%	69.89%	80.24%
短期借款利率（STI）	0.85%	1.43%	2.35%	2.35%
营业负债杠杆差异率（OLSPREAD）	22.24%	11.84%	21.25%	19.20%

将Alphabet 2019年的数据代入式中，我们可以得知没有经营负债的经营资产回报率（ROOA）只有21.55%，但是由于经营资产回报率大于短期借款利率即OLSPREAD为正，所以高经营负债杠杆有效使得有经营负债的净经营资产回报率（RNOA）达到了36.95%。

第三步，我们将用另外一种方式对RNOA进行分解（见表3-6），对Alphabet的经营盈利能力驱动因素进行分析。分解式如下：

$$RNOA = PM \times ATO = 19.89\% \times 1.86 = 36.95\% \qquad (3\text{-}3)$$

其中：PM为营业利润率，PM=税后经营收益/销售收入；ATO为资产周转率，ATO=销售收入/净经营资产。

表3-6 **RNOA的第二种分解**

指标	2016年	2017年	2018年	2019年
营业边际利润率（PM）	20.65%	10.96%	20.56%	19.89%
资产周转率（ATO）	1.58	2.01	1.87	1.86

续表

PM分解	2016年	2017年	2018年	2019年
毛利率	61.08%	58.88%	56.48%	55.58%
一般行政费用率	7.74%	6.20%	5.94%	5.90%
营销费用率	11.61%	11.63%	11.94%	11.41%
研发费用率	15.45%	15.00%	15.65%	16.07%
其他销售费用率	0.00%	2.47%	3.71%	1.05%
所得税费用率	5.08%	12.60%	2.30%	2.82%
销售PM	21.19%	10.98%	16.94%	18.33%
其他PM	-0.54%	-0.02%	3.63%	1.56%
ATO分解	2016年	2017年	2018年	2019年
应收账款和票据周转率	6.39	6.05	6.57	6.39
存货周转率	336.84	148.00	123.59	162.02
固定资产周转率	2.64	2.62	2.29	2.20
无形资产周转率	27.30	41.18	61.63	81.79
应付账款和票据周转率	44.23	35.34	31.25	29.11
其他应付款周转率	9.94	7.83	6.35	5.58

通过分解，我们可以得知Alphabet的毛利率较高，2019年达到了55.58%，但是研发费用率和营销费用率较高，导致了销售净利率（销售PM）只有18.33%。资产周转率方面，Alphabet的存货和无形资产有较高的资产周转率。

综上所述，我们可以得出关于Alphabet的2019年盈利能力的几个结论：一是Alphabet的净经营资产回报率RNOA是其股东权益回报率ROCE的两倍多，产生这样的结果的原因是Alphabet积累了大量的金融资产，平均财务杠杆为负值，而净金融资产回报率远低于净经营资产回报率；二是Alphabet的经营负债杠杆有效；三是Alphabet的毛利率较高，但是研发费用率和营销费用率也较高。

3.3.3 增长能力分析

利用表3-3中的基础数据，我们可以进一步对Alphabet的增长能力进行分析。2019年Alphabet的普通股东权益回报率（ROCE）与2018年基本持平，2018年的ROCE较2017年有9个百分点的提升，2017年的ROCE比2016年下降了约6个百分点，如图3-25所示。

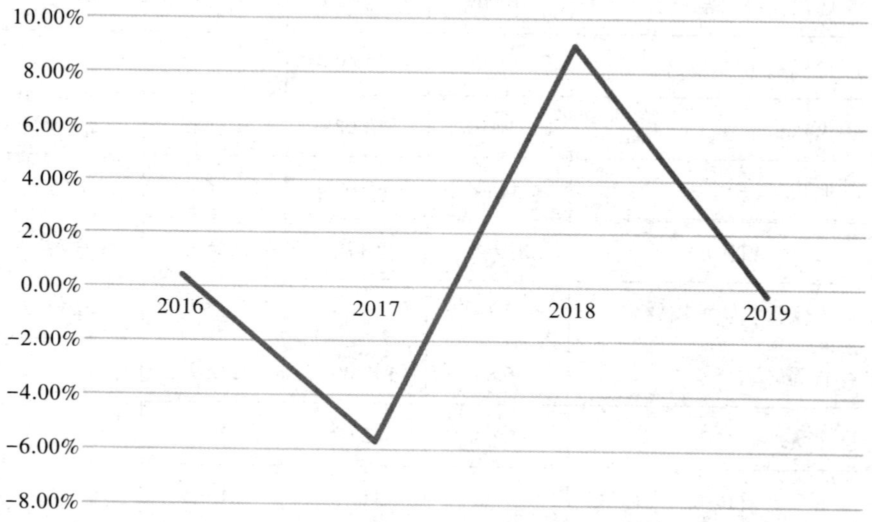

图3-25 2016—2019年ΔROCE趋势图

第一步，我们利用下面的式子对ΔROCE进行分解（见表3-7和图3-26）：

$$\Delta ROCE_1 = \Delta RNOA_1 + (\Delta SPREAD\_1 \times FLEV\_0) + (SPREAD\_1 \times \Delta FLEV\_1) \quad (3-4)$$

其中，ΔRNOA表示经营盈利性的变化；ΔSPREAD_1×FLEV_0表示在原来财务杠杆水平下的经营差异率变化而引起的变化；SPREAD_1×ΔFLEV_1表示财务杠杆变化引起的变化。ROCE的变化主要由三个方面决定：经营盈利性的变化（ΔRNOA）、经营差异率变化产生的影响（ΔSPREAD_1×FLEV_0）以及财务杠杆变化产生的影响（SPREAD_1×ΔFLEV_1）。

表3-7　ΔROCE分解

指标		2016年	2017年	2018年	2019年
经营差异率变化（ΔSPREAD）		2.62%	-10.11%	14.44%	-0.88%
财务杠杆变化（ΔFLEV）		-2.87%	-4.89%	5.03%	2.05%
经营差异变化的影响（ΔSPREAD_1×FLEV_0）		-1.47%	5.96%	-9.22%	0.52%
杠杆变化影响（SPREAD_1×ΔFLEV_1）		-0.91%	-1.05%	1.81%	0.72%
经营盈利性变化	ΔRNOA	2.80%	-10.61%	16.41%	-1.49%
	ΔROCE	0.42%	-5.71%	9.00%	-0.25%

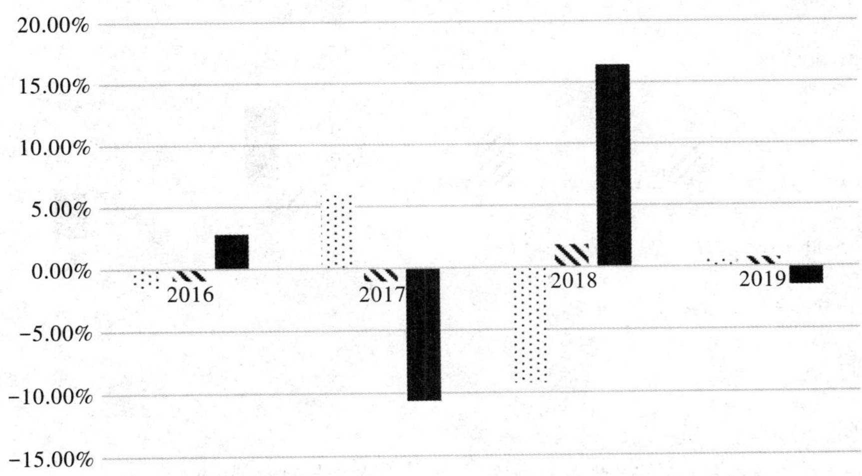

图3-26　2016—2019年ΔROCE分解图

将Alphabet2016—2019年的数据代入式中，2019年虽然Alphabet的经营盈利性（RNOA）有1.49个百分点的下降，但是由于杠杆的存在，ROCE仅有0.25个百分点的下降。2018年和2017年ROCE有较大的变化都是由经营盈利性的变化（ΔRNOA）引起的。

第二步，我们对ΔRNOA进行分解，进而解释经营盈利性的变化，分解式如下（见表3-8和图3-27）：

$$\Delta RNOA_1 = (\Delta 销售PM\_1 \times ATO\_0) + (\Delta ATO\_1 \times 销售PM\_1) + \Delta\left(\frac{其他OI}{NOA}\right) \quad (3\text{-}5)$$

其中：Δ销售PM_1 × ATO_0表示在原资产周转率下核心销售净利润率的变化；ΔATO_1 × 销售PM_1表示资产周转率变动引起的变化；Δ（其

他OI/NOA）表示其他收益变化引起的变化。

表3-8 ΔRNOA分解

指标		2016年	2017年	2018年	2019年
销售净利润率变化的影响（Δ销售PM_1×ATO_0）		-0.41%	-16.14%	11.97%	2.61%
资产周转率变化的影响（ΔATO_1×销售PM_1）		3.45%	4.71%	-2.38%	-0.22%
其他收益变化的影响	Δ（其他OI/NOA）	-0.24%	0.82%	6.82%	-3.88%
	ΔRNOA	2.80%	-10.61%	16.41%	-1.49%

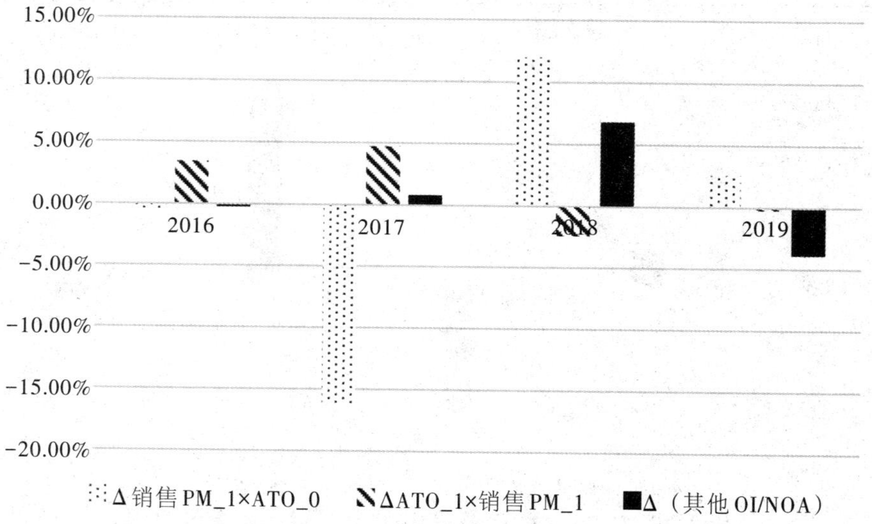

图3-27 2016—2019年ΔRNOA分解图

将Alphabet 2016—2019年的数据代入式中，2019年Alphabet的经营盈利性（ΔRNOA）的下降主要是由于其他收益的变化导致的。2018年和2017年RNOA有较大的变化都是由于销售净利润率的变化（Δ销售PM_1×ATO_0）导致的。

第三步，我们对销售净利润率的变化进行分解（见表3-9和图3-28），进而解释是什么导致了Alphabet每年销售净利润率的变化。

将Alphabet2016—2019年的数据代入式中，2019年Alphabet的销售净利润率的上升主要是由于其他销售费用的减少导致。2018年和2017年销售净利润率有较大的变化都是受到所得税的影响，这与本节基础数据分析部分中提到的2017年美国颁布了《减税和就业法案》对所得税法进行了重大修改有关。

表3-9　　销售PM变化带来的影响分解

Δ销售PM_1×ATO_0分解	2016年	2017年	2018年	2019年
毛利率变化的影响分解	-1.94%	-3.47%	-4.83%	-1.67%
一般与行政费用率变化的影响分解	-0.63%	-2.43%	-0.52%	-0.07%
营销费用率变化的影响分解	-0.64%	0.02%	0.62%	-0.99%
研发费用率变化的影响分解	-1.32%	-0.72%	1.32%	0.78%
其他销售费用率变化的影响分解	0.00%	3.90%	2.49%	-4.97%
所得税费用率变化的影响分解	1.05%	11.89%	-20.71%	0.97%
Δ销售PM_1×ATO_0	-0.41%	-16.14%	11.97%	2.61%

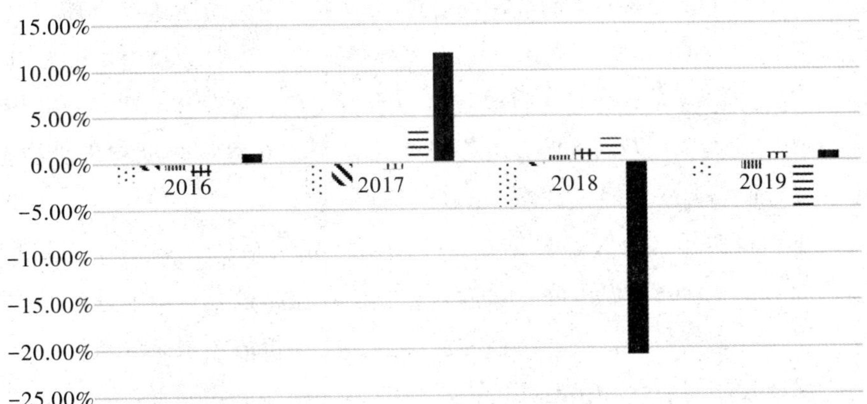

图3-28　2016—2019年销售PM变化带来的影响分解图

综上所述，我们可以得出有关Alphabet增长能力的几个结论：一是2019年Alphabet的ROCE基本与2018年持平，虽然Google的经营盈利性（ΔRNOA）有1.49个百分点的下降，但是由于杠杆的存在，ROCE仅有0.25个百分点的下降，而经营盈利性（RNOA）下降主要是由于其他收益的变化导致的；二是2018年和2017年ROCE有较大的变化都是由于经营盈利性的变化（ΔRNOA）导致的，而经营盈利性（RNOA）

有较大变化主要是受到税收政策修改的影响。总体来说，排除掉2017年、2018年的税收影响情况，Alphabet已经是一个成熟的互联网企业，近几年增长能力没有太大的提升。

3.4 估值

3.4.1 剩余收益估值模型

Google共有三种普通股股票类型：A类股票、B类股票以及C类股票。A类普通股于2004年8月19日在纳斯达克全球精选市场上市，股票代码为“GOOG”，2014年，股票代码更改为“GOOGL”；B类普通股既未上市，也未交易；C类股票自2014年4月3日在纳斯达克全球精选市场上以“GOOG”代码上市。除表决权外，每一类股票持有人的权利是相同的。每股A类普通股有权获得一票表决权。每股B类普通股有权获得10票的表决权。除非适用法律要求，否则C类股票没有表决权。接下来我们针对A类股票“GOOGL”进行估值。

我们将应用剩余收益模型对“GOOGL”进行估值，剩余收益模型是由Ohlson（1995）提出的，认为只有公司收益超过股东所要求的回报时，即存在剩余收益，公司价值才会增加。账面价值与未来经营活动产生的剩余收益现值之和是公司的内在价值，其标准形式如下：

$$V_0 = B_0 + \frac{RE_1}{1 + r_E} + \frac{RE_2}{\left(1 + r_E\right)^2} + \cdots + \frac{RE_T}{\left(1 + r_E\right)^T} + \frac{V_T{}^E - B_T}{\left(1 + r_E\right)^T} \tag{3-6}$$

公司的内在价值V由账面价值B_0与剩余收益RE的现值与持续收益的现值组成。RE_j为j期的剩余收益（j=1，2，3，…，T），r_E是贴现因子，$V_T{}^E$是预期第T期的内在价值，B_T是第T期的账面价值。

第一步，利用CAPM模型计算资本成本，使用美国金融学教授阿斯沃斯·达摩达兰（Aswath Damodaran）在其网站[①]公布的部分基准数据，取2020年12月的美国10年期国债利率作为无风险利率r_f =0.93%，市场利率取10年期标准普尔500指数平均收益率r_M =7.80%。β系数使用

① 达摩达兰个人网站主页：http：//people.stern.nyu.edu/adamodar/。

Wind数据库的Beta计算器，设置市场指标对标标普500指数，时间区间为2011年1月—2020年12月，得到β=0.9703。根据CAPM模型计算得到 r_E =7.60%，见表3-10。

表3-10 **剩余收益模型参数设置**

参数	数值
无风险利率 r_f	0.93%
市场收益率 r_M	7.80%
β系数	0.9703
资本成本 r_E	7.60%

后面的具体计算步骤与第1章Facebook剩余收益模型部分所介绍的相一致，不再赘述。相关数据和计算结果均列示在表3-11中。最终计算得到，在2020年12月31日，Google公司的每股价值为1 722.35美元。然而，Google公司在2020年12月31日的实际收盘价为每股1 752.64美元，大于估值结果。

表3-11 **剩余收益模型估值** 金额单位：美元

指标 \ 年份	2020A	2021E	2022E	2023E
EPS	58.61	98.14	103.68	120.24
DPS	0.00	0.00	0.00	0.00
BPS	329.59	427.73	531.41	651.65
ROCE		0.30	0.24	0.23
RE		73.10	71.19	79.87
折现因子		1.04	1.12	1.21
RE现值		70.05	63.40	66.11
RE总现值	199.56			
持续价值				1 441.63
持续价值现值	1 193.20			
公司估值	1 722.35			

资本成本和剩余收益未来增长率是影响估值结果的重要因素，对此做进一步的敏感性分析，见表3-12。第一行是剩余收益未来增长率，第一列是资本成本。GOOGL在2020年12月31日的收盘价为每股1 752.64美元，灰色部分表示估值结果超过实际股价。当未来增长率相对较高或者资本成本降低的情况下，GOOGL的估值才超过市场股价。综合来说，利用剩余收益估值模型得到的估值基本低于股价，市场存在高估的现象。

表3-12 **剩余收益模型敏感性分析** 金额单位：美元

	g=0%	g=1%	g=2%	g=3%	g=4%	g=5%	g=6%
r+1.5%	1 145.83	1 224.59	1 325.54	1 459.61	1 646.31	1 924.16	2 381.51
r+1.0%	1 223.07	1 316.27	1 437.74	1 602.61	1 839.24	2 207.46	2 859.39
r+0.5%	1 309.89	1 420.91	1 568.36	1 773.68	2 079.25	2 582.22	3 565.13
r	1 408.18	1 541.45	1 722.35	1 981.97	2 385.98	3 101.26	4 712.90
r−0.5%	1 520.38	1 681.81	1 906.59	2 241.12	2 791.77	3 867.86	6 907.68
r−1.0%	1 649.65	1 847.29	2 130.94	2 572.36	3 353.85	5 114.68	12 784.73
r−1.5%	1 800.18	2 045.31	2 410.12	3 010.60	4 184.08	7 499.00	79 902.92

3.4.2 基于梅特卡夫估值模型

对于互联网公司来说，用户对公司价值的影响往往比传统行业公司要更大。本部分采用梅特卡夫定律，利用了用户数量与网络价值之间的关系进行评估。如公式（3-7）所示，网络价值与网络节点数的平方或用户数的平方成正比：

$$网络的价值V = a \times N^2 \tag{3-7}$$

其中：a为价值系数；N为用户数量。

如果使用梅特卡夫定律对GOOGL进行估值，我们需要得到Google用户数的数据，但是Google并没有公布其用户数数据，所以我们采用全球互联网用户数×Google市场份额估算出Google的用户数。由于Google的主要产品是Google搜索引擎，所以这里采用Google搜索引擎的全球市场份额作为用户数的估算基础。基于梅特卡夫定律，Google的企业价值与用户数量之间的关系见表3-13。

表3-13 **Google用户数和股价**

时间	全球互联网用户数	Google搜索市场份额	Google搜索用户数（N）（亿人）	Google搜索用户数^2（N^2）	月收盘价（V）（美元）
2015年1月	34.30	89.62%	30.74	944.93	537.55
2015年2月	34.30	89.47%	30.69	941.77	562.63
2015年3月	34.30	89.52%	30.71	942.82	554.70
2015年4月	34.30	90.01%	30.87	953.17	548.77
2015年5月	34.30	90.24%	30.95	958.05	545.32
2015年6月	34.30	90.78%	31.14	969.55	540.04
2015年7月	34.30	90.94%	31.19	972.97	657.50
2015年8月	34.30	91.23%	31.29	979.18	647.82
2015年9月	34.30	91.31%	31.32	980.90	638.37
2015年10月	34.30	91.55%	31.40	986.06	737.39
2015年11月	34.30	91.50%	31.38	984.99	762.85
2015年12月	34.30	91.10%	31.25	976.39	778.01
2016年1月	37.73	91.01%	34.34	1 179.10	761.35
2016年2月	37.73	91.13%	34.38	1 182.21	717.22
2016年3月	37.73	91.71%	34.60	1 197.31	762.90
2016年4月	37.73	91.77%	34.62	1 198.88	707.88
2016年5月	37.73	91.76%	34.62	1 198.62	748.85
2016年6月	37.73	91.89%	34.67	1 202.02	703.53
2016年7月	37.73	91.70%	34.60	1 197.05	791.34
2016年8月	37.73	92.12%	34.76	1 208.04	789.85

续表

时间	全球互联网用户数	Google搜索市场份额	Google搜索用户数（N）（亿人）	Google搜索用户数^2（N^2）	月收盘价（V）（美元）
2016年9月	37.73	92.54%	34.92	1 219.08	804.06
2016年10月	37.73	92.82%	35.02	1 226.47	809.90
2016年11月	37.73	92.99%	35.09	1 230.97	775.88
2016年12月	37.73	92.57%	34.93	1 219.87	793.02
2017年1月	40.21	92.78%	37.31	1 391.80	820.19
2017年2月	40.21	92.35%	37.13	1 378.93	844.93
2017年3月	40.21	92.31%	37.12	1 377.73	847.80
2017年4月	40.21	92.48%	37.19	1 382.81	924.52
2017年5月	40.21	92.06%	37.02	1 370.28	987.09
2017年6月	40.21	91.88%	36.94	1 364.93	929.68
2017年7月	40.21	92.01%	37.00	1 368.79	945.50
2017年8月	40.21	91.64%	36.85	1 357.81	955.24
2017年9月	40.21	91.84%	36.93	1 363.74	973.72
2017年10月	40.21	91.47%	36.78	1 352.77	1 033.04
2017年11月	40.21	92.06%	37.02	1 370.28	1 036.17
2017年12月	40.21	91.79%	36.91	1 362.26	1 053.40
2018年1月	43.88	91.74%	40.26	1 620.51	1 182.22
2018年2月	43.88	91.63%	40.21	1 616.62	1 103.92
2018年3月	43.88	91.24%	40.04	1 602.89	1 037.14
2018年4月	43.88	90.61%	39.76	1 580.83	1 018.58
2018年5月	43.88	90.14%	39.55	1 564.47	1 100.00
2018年6月	43.88	90.31%	39.63	1 570.38	1 129.19

续表

时间	全球互联网用户数	Google搜索市场份额	Google搜索用户数（N）（亿人）	Google搜索用户数^2（N^2）	月收盘价（V）（美元）
2018年7月	43.88	90.46%	39.69	1 575.60	1 227.22
2018年8月	43.88	90.91%	39.89	1 591.32	1 231.80
2018年9月	43.88	92.31%	40.51	1 640.71	1 207.08
2018年10月	43.88	92.74%	40.69	1 656.03	1 090.58
2018年11月	43.88	92.37%	40.53	1 642.84	1 109.65
2018年12月	43.88	92.25%	40.48	1 638.57	1 044.96
2019年1月	45.40	92.86%	42.16	1 777.33	1 125.89
2019年2月	45.40	92.92%	42.19	1 779.63	1 126.55
2019年3月	45.40	92.51%	42.00	1 763.96	1 176.89
2019年4月	45.40	92.81%	42.14	1 775.42	1 198.96
2019年5月	45.40	91.89%	41.72	1 740.40	1 106.50
2019年6月	45.40	92.62%	42.05	1 768.16	1 082.80
2019年7月	45.40	92.18%	41.85	1 751.40	1 218.20
2019年8月	45.40	92.37%	41.94	1 758.63	1 190.53
2019年9月	45.40	92.96%	42.20	1 781.16	1 221.14
2019年10月	45.40	92.78%	42.12	1 774.27	1 258.80
2019年11月	45.40	92.95%	42.20	1 780.78	1 304.09
2019年12月	45.40	92.71%	42.09	1 771.60	1 339.39
2020年1月	45.40	92.51%	42.00	1 763.96	1 432.78
2020年2月	45.40	92.07%	41.80	1 747.22	1 339.25
2020年3月	45.40	91.98%	41.76	1 743.81	1 161.95

续表

时间	全球互联网用户数	Google搜索市场份额	Google搜索用户数（N）（亿人）	Google搜索用户数^2（N^2）	月收盘价（V）（美元）
2020年4月	45.40	91.89%	41.72	1 740.40	1 346.70
2020年5月	45.40	92.06%	41.80	1 746.84	1 433.52
2020年6月	45.40	91.75%	41.65	1 735.10	1 418.05
2020年7月	45.40	92.17%	41.85	1 751.02	1 487.95
2020年8月	45.40	92.05%	41.79	1 746.46	1 629.53
2020年9月	45.40	92.27%	41.89	1 754.82	1 465.60
2020年10月	45.40	92.71%	42.09	1 771.60	1 616.11
2020年11月	45.40	92.16%	41.84	1 750.64	1 754.40
2020年12月	45.40	91.38%	41.49	1 721.13	—

注：（1）全球互联网用户数数据来源：We Are Social[①]。

（2）Google搜索引擎市场份额数据来源：StatCounter[②]。

①We Are Social网站主页：https：//wearesocial.com/。

②StatCounter网站主页：http：//gsa.statcounter.com/。

利用表3-13中2015年1月至2020年11月股价和Google搜索用户数的平方项进行回归得到拟合回归表达式为$V=0.7109N^2$，检验结果显示，股价与用户数的平方存在显著的正相关关系，R^2值为0.9838，解释力度较大。2020年12月互联网用户数为45.40亿人，其中Google搜索用户数约为41.49亿人。代入方程中计算得到，在2020年12月31日的估值为1 233.61美元/股，低于2020年12月31日的股价1 752.64美元/股。综合来说，利用梅特卡夫估值模型得到的估值基本低于股价，市场存在高估的现象，与剩余收益估值模型得到的结论一致。

3.5 案例小结

作为公认的全球最大的搜索引擎公司，Google/Alphabet公司依靠着

“非传统”精神专注于不断创新，研发的产品涵盖操作系统、浏览器、谷歌眼镜、笔记本电脑、智能语音助手、无人驾驶汽车等，涉及线上广告、云计算、人工智能等互联网科技领域。通过战略收购，Google组建起了庞大的互联网科技帝国，也提供了不少令人称道的成功案例，包括从PC端走向移动端的明智之举——收购Android、扩充视频广告业务——收购YouTube、完善广告产品链，巩固线上广告霸主地位——收购DoubleClick、AdMob等。从业务结构上看，Google的广告业务仍为主营业务但收入增速放缓，线上广告市场份额被不断蚕食。非广告业务正在崛起，AI、云计算等长期投资持续推进，在云计算领域，Google已投入大量资金在云业务上。但从市场份额上看，谷歌云与领头羊的差距还是很大，但是市场份额处于不断上升的趋势。相信在Google正确的战略指导下，谷歌云也可以在云计算市场分得一杯羹。在人工智能领域，人工智能仍然是Google的战略重点之一，Google现仍愿意不断烧钱进行人工智能的研究，期望占据AI高地，同时推动其产品的进一步发展。但是如何将人工智能产品商业化并达到真正的盈利是Google管理层需要考虑的一大问题。

为了评估Google/Alphabet的企业价值，我们利用剩余收益估值模型和梅特卡夫估值模型进行估值，发现Google/Alphabet的内在价值基本低于股价。换而言之，利用剩余收益估值模型和梅特卡夫估值模型得到的估值基本低于股价，市场存在高估的现象。

第4章　亚马逊：跨境电商翘楚价值几何

4.1　从网络书店到多元巨头发展历程①

1995年7月16日，亚马逊公司由杰夫·贝佐斯创立，名字由来是地球上孕育最多种类生物的亚马孙河，最初目的是打造一家网络书店。亚马逊于1997年5月15日在纳斯达克上市，代码为AMZN。亚马逊公司成立之初推行稳健发展战略，计划在成立4年到5年后开始盈利。此项战略与20世纪90年代许多互联网公司的快速扩张战略截然不同，因此此举遭到其他股东的反对，认为贝佐斯的经营策略太过保守和缓慢，不顺应潮流加速扩张将会被其他企业吞噬。然而，事实证明贝佐斯是正确的。21世纪初互联网泡沫破裂，许多企业由于快速扩张而积累了大量负债，泡沫破裂直接导致企业破产，而亚马逊的稳健发展战略使得公司安稳度过互联网泡沫破裂期，在危机中得以生存下来。

---

①　百度百科．亚马逊［EB/OL］．［2020-10-26］．https：//baike. baidu. com/item/%E4%BA%9A%E9%A9%AC%E9%80%8A/21766？fr=aladdin.

随着亚马逊的不断发展，杰夫·贝佐斯发现了互联网零售的巨大潜力。杰夫·贝佐斯认为网络零售相比于实体店而言能够提供更加丰富的商品选择，因此上市之后亚马逊不再局限于网络书店而是积极扩张，到2000年亚马逊的口号已经转变为“最大的网络零售商”。2001年开始，亚马逊将发展目标定为“最以客户为中心的公司”。

亚马逊在确立打造网络零售商目标后不断在全球扩张，先后完成了多次并购整合，使其产业涉及的方向不断丰富。2004年，亚马逊以7 500万美元收购中国的卓越网，将其影响逐渐拓展到中国地区；2005年，亚马逊推出Prime服务，其中一日达服务为用户购物带来更多的优惠与便利，使其用户的黏性不断增强；2006年，亚马逊基于自身在全球扩张过程中形成的硬件设施优势推出云计算业务，即以Web服务的形式向企业提供IT基础设施服务，此前瞻性的举措为亚马逊的日后发展提供了强大的动力；2007年11月，亚马逊研发出第一代Kindle，用户可以利用Kindle购买、下载和阅读电子文档，亚马逊借助Kindle开始涉足电子阅读领域。此后，亚马逊不断推出新一代的Kindle，不断满足用户的阅读体验，获得广泛好评。

2010年3月15日，针对消费者在网络购物中存在的退换货物等售前、售后服务问题，卓越亚马逊提出了“网络购物诚信声明白皮书”予以解决，进一步增加用户对其的信任；2011年10月，卓越亚马逊更名为亚马逊中国，网站使用中国区域特定的域名加快了消费者访问亚马逊中国网站的速度，提高了便利性，也方便了移动设备用户的访问。亚马逊中国帮助亚马逊打开了中国市场，越来越多的中国消费者成为亚马逊用户。

除此之外，亚马逊分别在2006年、2009年通过收购Shopbop、Zappos等服装企业将其经营范围扩展到服装领域，经营领域不断多元化。2014年5月，亚马逊与Twitter合作，开启直接通过推文链接进入网购平台的模式，以进一步增加用户的黏性。2015年，亚马逊不仅已经涉及书籍、家用电器、服装等日常生活领域，而且逐渐涉足高科技领域，最鲜明的代表便是云计算（Amazon Web Services，AWS）业务在

2015年得到快速发展，被投资者们广泛看好。亚马逊的综合性发展使其在2015年的市值实现翻倍。2021年6月，2021年《财富》美国500强排行榜发布，亚马逊位列第二。

经过多年的发展，时至今日，亚马逊是世界上拥有最多商品种类的网上零售商和全球第二大规模互联网企业。亚马逊及其销售商为用户提供上百万种全新或二手商品，涉及图书、服饰、数码电子、视频、玩具等各类产品。除此之外，亚马逊不仅仅是一家电子商务公司，也是逐渐拓展线下零售业务以及发展云计算产业的高科技公司。

4.2 商业帝国业务模式分析

4.2.1 公司经营总览

亚马逊作为全球电子商务公司巨头，当前主要的业务分为线上、线下业务两大板块。其中，线下业务主要为实体零售服务，与实体零售店合作；作为电商巨头，亚马逊更多的业务是线上业务：电子商务、云计算服务以及流媒体服务。

从图4-1我们可以看到，亚马逊的各个业务并不是相互独立的。亚马逊强大的云计算产业不仅对外提供服务，也为其自身电子商务业务以及流媒体业务提供了有力的技术支撑。云计算的高速数据处理能力为电子商务承受更多用户频繁登录、购物提供保障，也为流媒体服务的信息存储、实时传输提供强大支持。用户体验得到保障进而增强了用户黏性，大量用户为亚马逊的价值提升提供了强劲的动力。

亚马逊在2005年推出的Prime会员制度经过多年的发展，已经成为亚马逊的一个营收重要驱动点。Prime会员制度约定用户每月充值119美元即可享受许多权益。Prime会员制度提供的便利吸引了大量的用户注册充值，特别是2015年推出的Prime会员日活动，进一步完善并推动了Prime会员制度的发展。2016年，亚马逊在中国推出了专为中国消费者量身定制的Prime会员服务，也是亚马逊全球首个支持跨境订单全年无限次免费配送的会员服务。目前，亚马逊已经拥有超过1亿Prime会

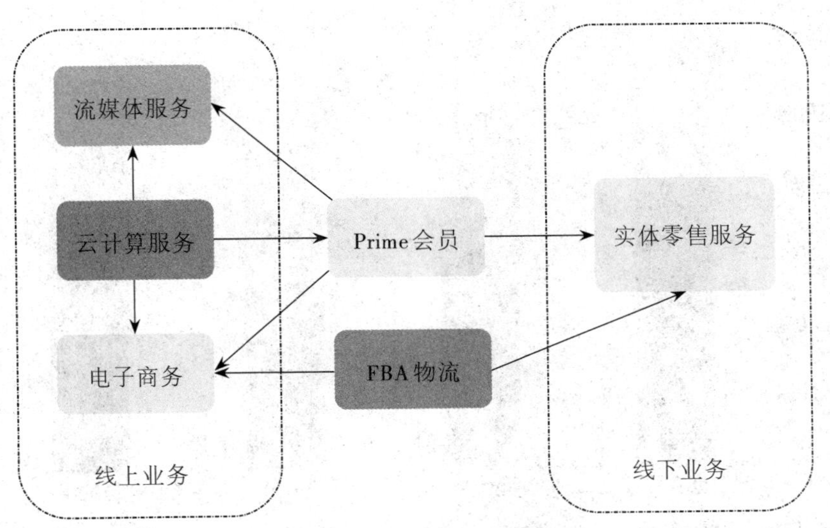

图4-1 亚马逊业务总览

注：FBA全称Fulfillment by Amazon.

员，成为亚马逊平台的主要活跃用户和营收来源。[①]

为了支撑Prime会员一日达的需求，亚马逊大力发展其物流业，其中FBA是亚马逊在2007年开始实施的物流战略。亚马逊将自身平台向全球第三方销售商开放，使其能够在亚马逊平台上开店售货。亚马逊将销售商仓库纳入到全球物流网络中来，根据每个地区的预测需求提前将对应的货物运输到当地仓库，从而节省客户下单后的运输时间以满足一日达需求。

从图4-2中我们可以看到，亚马逊营收业务构成主要有6个部分：线上商店、实体商店、零售第三方销售、网络服务、零售订购服务以及其他业务。其中：①线上商店主要为亚马逊自营店的线上零售服务；②实体商店为线下实体店零售；③零售第三方销售即其他商户在亚马逊平台售货所带来的收入；④网络服务主要为亚马逊云计算服务的收入以及流媒体方向的业务收入；⑤零售订购服务收入主要来源于亚马逊的其他服务订购如音频书、数字视频书、数字音乐书和其他非AWS订阅服务等。

---

① 亚马逊卖家大学．亚马逊Prime会员有什么服务和好处？Amazon Prime会员权益大全［EB/OL］．［2021-01-20］．http：//www.yoding.cn/3068.html.

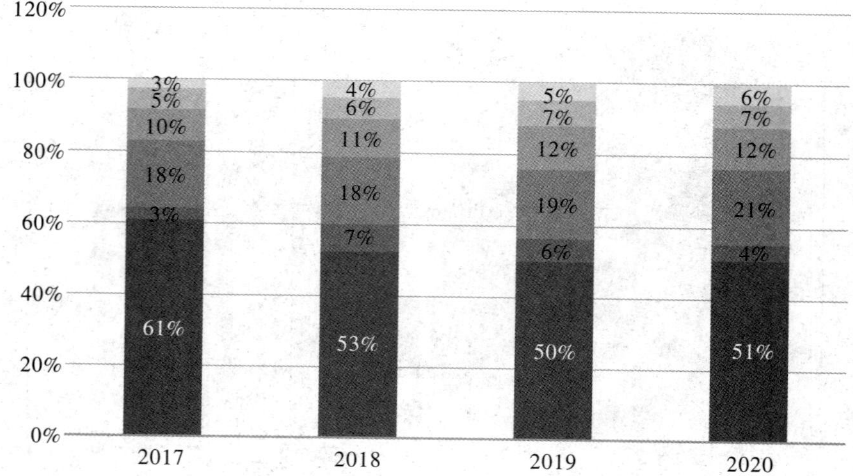

图 4-2 亚马逊营收构成

资料来源 亚马逊公司年报.

从亚马逊的营收业务构成我们可以看到，目前亚马逊主要的营业收入来源为线上零售业务（占比 50%～60%），成为公司收入的主要来源。随着亚马逊不断坚持多元化发展，近年来线上零售业务的占比在不断下降，其他方面的收入如网络服务、零售订购服务的占比在不断增加，多元化的发展让亚马逊更加具有竞争力。

横向来看，如图 4-3 所示，截止到 2020 年底，亚马逊作为全球第四大市值公司，仅次于沙特阿美、微软和苹果，并且三者的主营业务与亚马逊的零售主营业务并无过多交集，因此亚马逊是自身领域内的绝对龙头公司，拥有庞大的体量。

4.2.2 线上电子商务

亚马逊是全球最早抓住了互联网发展机遇的电子商务公司，目前已经成为全球商品品种最多的网上零售商。

电商业务与传统业务相比有许多特殊之处，因此电商业务也产生许多新指标来表征业务的发展状况。成交总额（Gross Merchandise Volume，GMV）能够反映出电子商务公司作为零售平台的经营活跃情

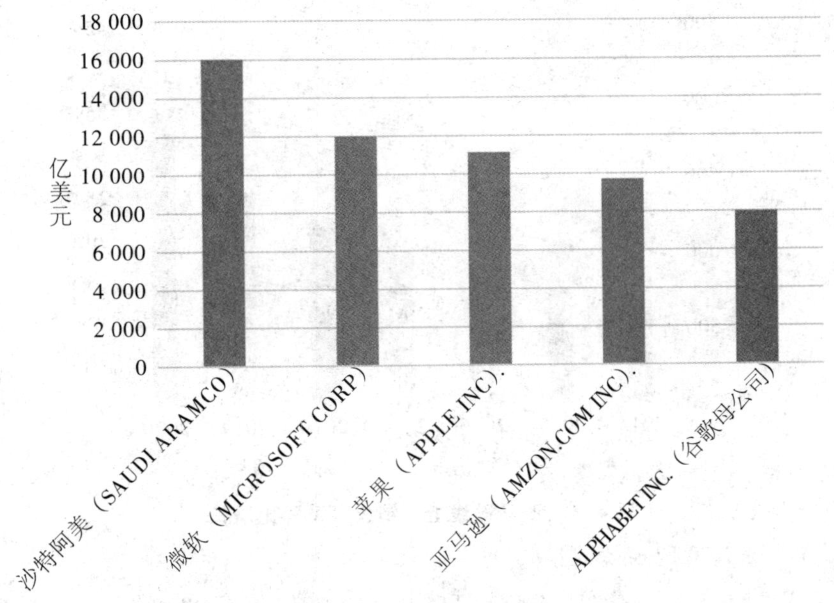

图4-3　公司市值全球TOP5

资料来源　Wind数据库.

况，蕴含着电子商务公司的价值。GMV越高，说明用户在平台上的买卖交易量越大，越有助于电商平台的推广与发展，因此越会促进电子商务公司价值的提升。

亚马逊在其年报中没有公布GMV数据，我们选取其年报中的净销售额（Net Sales）进行分析。从图4-4中我们可以看到，亚马逊销售收入从2014年到2020年持续增长，且同比增长率始终维持在10%以上，特别是在2016年、2017年的同比增长率接近20%，2020年同比增长率接近40%。高速增长的销售收入不仅为亚马逊电商平台带来了活跃流量，也促进了亚马逊的价值提升。

亚马逊2005年推出的Prime服务是一种VIP服务。用户每月充值119美元成为会员，在亚马逊购物即可享受各种会员优惠包括物流一日达等服务。Prime会员用户在使用过程中享受到便利，进一步增加了亚马逊用户的黏性；同时会员每月支付的会费也为公司带来一定比例的收入。当前，Prime会员用户数已经破亿，Prime会员成为亚马逊的重要活跃用户。

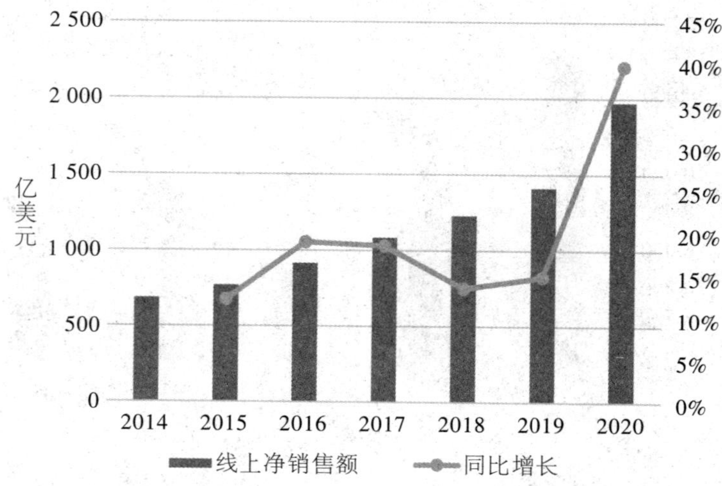

图 4-4　亚马逊线上净销售额及同比增长

资料来源　亚马逊公司年报.

从图 4-5 可以看到，Prime 订阅收入从 2014 年至 2020 年逐年增加，订阅收入增速持续保持在 30% 以上，目前仍然保持比较高的增长速度。

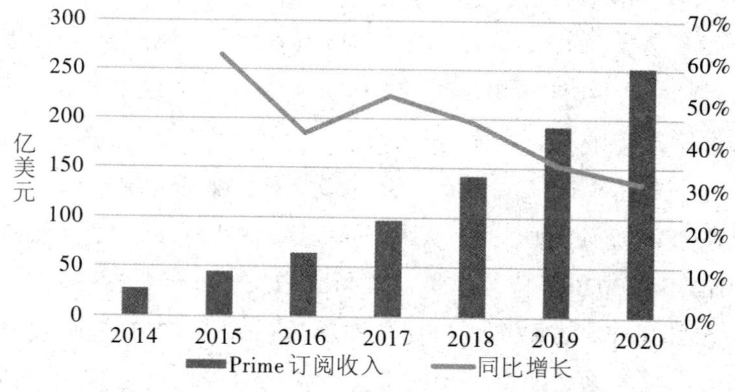

图 4-5　Prime 订阅收入及同比增长

资料来源　亚马逊公司年报.

2015 年，亚马逊为庆祝公司成立 20 周年推出 Prime Day 活动，Prime 会员在 Prime Day 活动日可以以优惠价格购买商品。由于 Prime Day 的推出受到广泛欢迎，因此从 2015 年开始每年都会有一个 Prime Day 会员促销日。在这一天经过亚马逊平台的交易量巨大，成为亚马逊营销的重要机会，有利于提高电商业务的 GMV。

2017 年，亚马逊在美国的一些大学里推出提货点服务（Instant

Pickup)，在大学周围安排了送货点。用户在网上下单后几分钟内就可以到提货点提取商品，即时拿货的价格有时还会低于亚马逊网站的订购价格，进而可以吸引更多用户。[①]

从图4-6我们可以看到，亚马逊电子商务业务在美国市场的占有率从2012年的20%增长到2019年的47%，发展可观。如图4-7所示，截止到2020年，亚马逊在美国电商市场占比达到38.7%，占据了美国电商市场的半壁江山，并且远远领先于排名紧随其后的eBay、Walmart等，由此可见亚马逊在电商领域具有绝对优势。

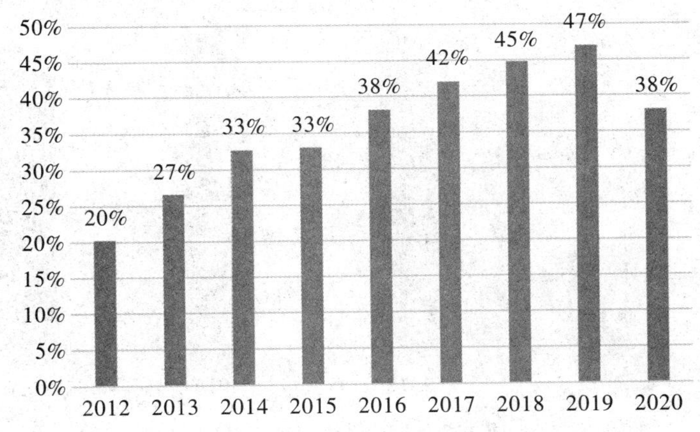

图4-6　亚马逊电商美国市场占有率

资料来源　美国电商市场报告；eMarketer.

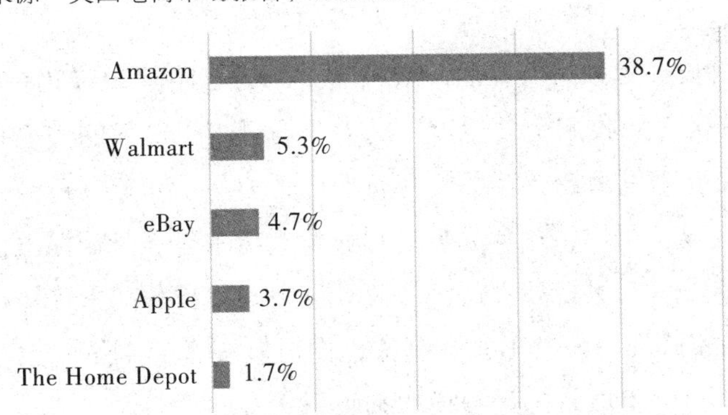

图4-7　2020年美国电商市场份额占比前5名

资料来源　eMarketer.

① 小悠扬．亚马逊在美国推出新零售服务Instant Pickup［EB/OL］．［2020-10-26］．http：//news.yesky.com/400/303475900.shtml.

4.2.3 实体零售服务

亚马逊的业务主要集中在线上，但是管理层并不拘泥于线上渠道，并且对于一些大型消费品如冰箱、彩电等家用电器，用户更青睐于线下实体店，以体验实体商品的试用。2014年以来，亚马逊利用自身技术优势积极地部署线下零售业务，年报数据反映出线下销售业务增长态势良好，具有比较大的发展潜力，如图4-8所示。

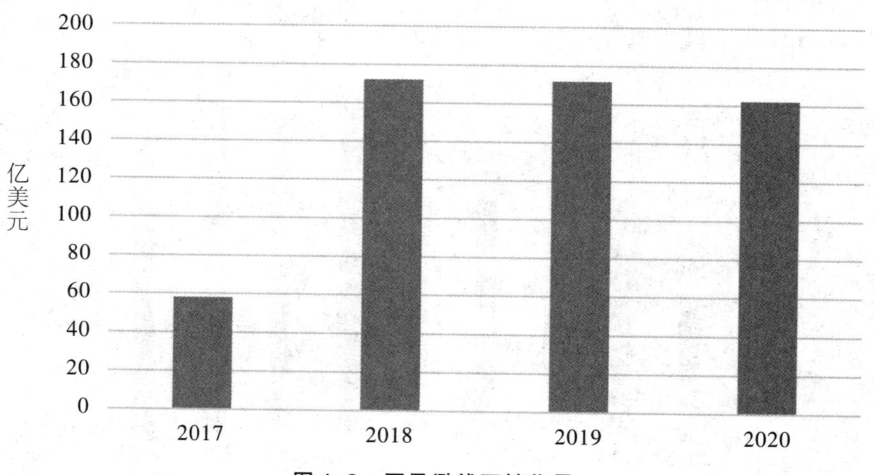

图4-8 亚马逊线下销售量

资料来源 亚马逊公司年报.

亚马逊的实体零售业务与其他普通的实体零售商不同，亚马逊借助自身的高科技优势，为实体店发展赋予了新的思路。2017年6月，亚马逊斥资137亿美元收购全食超市，成为亚马逊史上最大的一笔收购。收购全食超市是亚马逊跨入实体零售行业的重要一步，亚马逊通过“低价促销”模式吸引用户，对食品零售行业龙头沃尔玛等公司提出挑战；收购后全食超市依旧保持独立运营，亚马逊则利用自身技术优势在店内布置了Amazon Echo、Echo Dot等设备，同时在一些店铺设立了提货柜，采用线上下单线下取货的经营模式来吸引更多的用户。

目前，亚马逊利用其技术优势在许多线下零售店设置无人超市，利用Amazon Go摄像头及传感器追踪用户购买的商品，用户只需经过商店闸门即可自动结算。这不仅提高了线下零售店的购物效率，也增加了用户的购物兴趣，对吸引客户流量起到积极作用。

4.2.4 第三方销售

亚马逊平台吸引了大量用户，为自身带来了巨额营收及利润。为了发挥平台价值，亚马逊也积极引入第三方销售。第三方销售是其他零售方交纳一定的佣金费用后可以在亚马逊平台上开设网上商店，借助亚马逊强大的流量促进公司的销售，如图4-9所示。

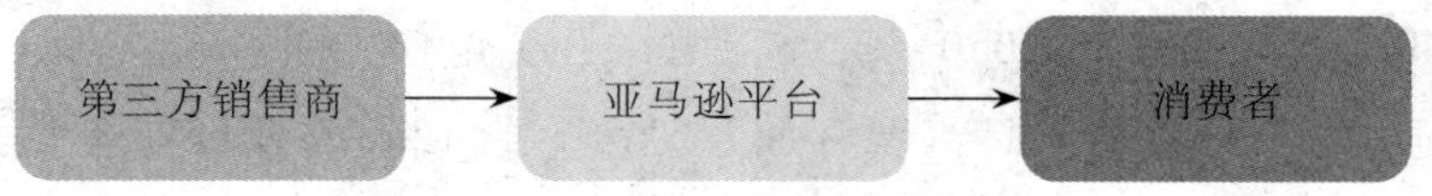

图4-9 亚马逊第三方销售商营业模式

从图4-10中我们可以看到，通过亚马逊平台的第三方销量逐年上升，同比增长率均保持在25%以上，总体来说增长的趋势比较好。第三方零售商的繁荣也为亚马逊的营收贡献力量，同时更为平台流量、活跃度的保持提供进一步支持。

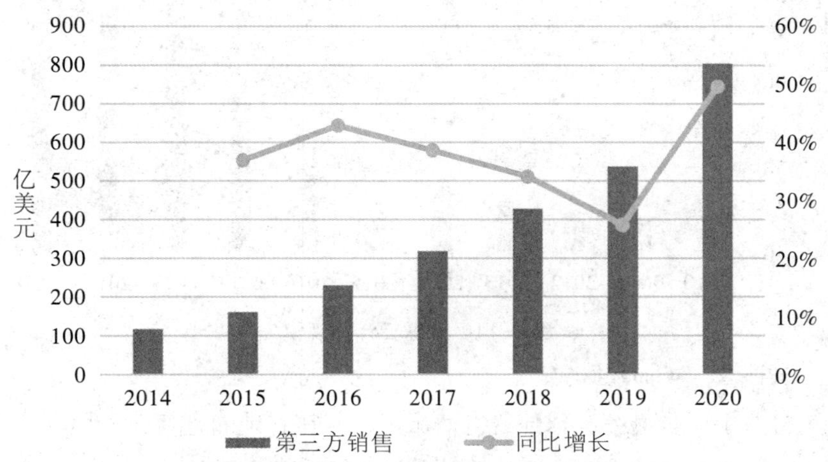

图4-10 亚马逊第三方销量及同比增长

资料来源 亚马逊公司年报.

4.2.5 云计算服务

云计算（Cloud Computing）本质是一种分布式计算，是一种全新的网络应用概念。简单来说，云计算满足企业和个人实现大量信息存储、分析处理、软件应用、项目开发等需求，但是不需要企业和个人自己搭建基础设施，远程调控资源即可。云计算主要有三个部分：基础设施（Infrastructure as a Service，IaaS）、平台服务（Platform as a Service，PaaS）、软件服务（Software as a Service，SaaS）。2006年8月，Google首席执行官在搜索引擎大会首次提出“云计算”的概念，拉开了云计算产业发展的序幕。①

从图4-11中可以看到，2010—2020年，全球云计算规模迅速壮大，从140亿美元增长到2 050亿美元，增长了近14倍。随着大数据时代的到来，更多的数据信息需要存储、处理，云计算的发展前景将更加广阔。

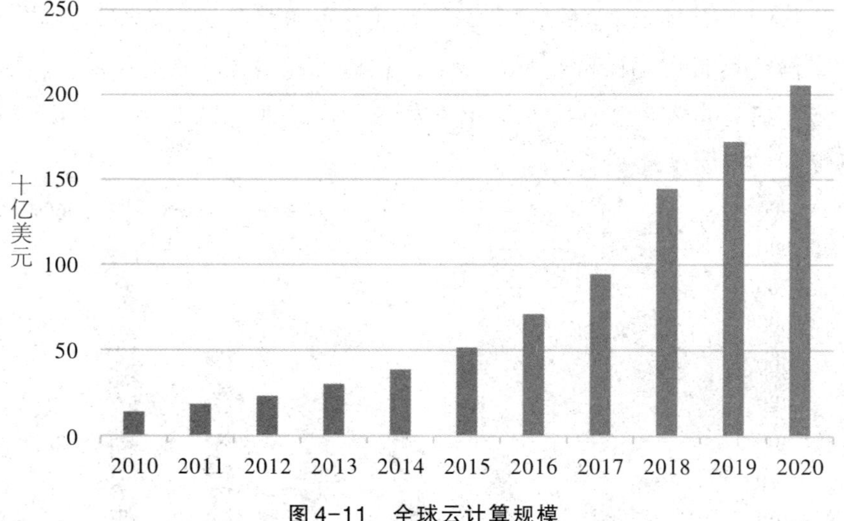

图4-11 全球云计算规模

资料来源 Wind数据库.

得益于亚马逊在全球部署电商服务，其在各地的电商分布形成了一张全球网络。分布全球的硬件设施如数据库、处理器等让管理层捕捉到分享云计算资源的商业机遇。亚马逊成为世界上最早涉足云计算产业的公司之一。

网上业务成为亚马逊收入的重要支撑：2015—2020年，亚马逊AWS业务营收占比从7%增长到12%，发展势头比较强劲，如图4-12所示。

① 百度百科．云计算［EB/OL］．［2020-10-26］．https：//baike.baidu.com/item/%E4%BA%91%E8%AE%A1%E7%AE%97/9969353？fr=aladdin.

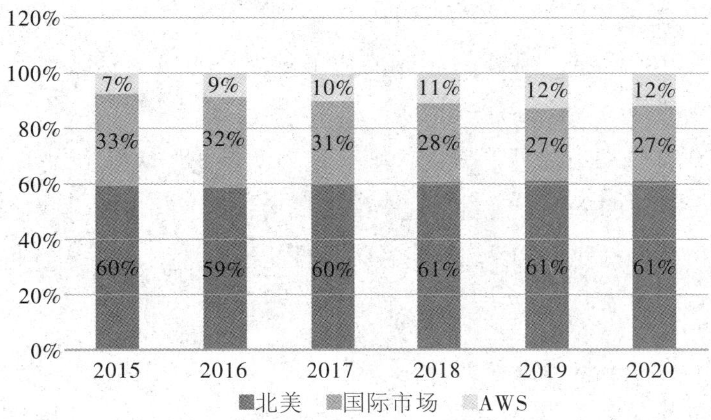

图4-12　亚马逊营业收入构成

资料来源　亚马逊公司年报.

捷足先登进入云计算市场使得亚马逊当前在全球范围内占据优势。从图4-13中我们可以看到，亚马逊云计算市场份额远超同类公司，甚至超过前几名之和。由马太效应强者恒强可知，亚马逊云计算相比于其他云计算具有更大的规模优势，发展前景也会更加广阔。

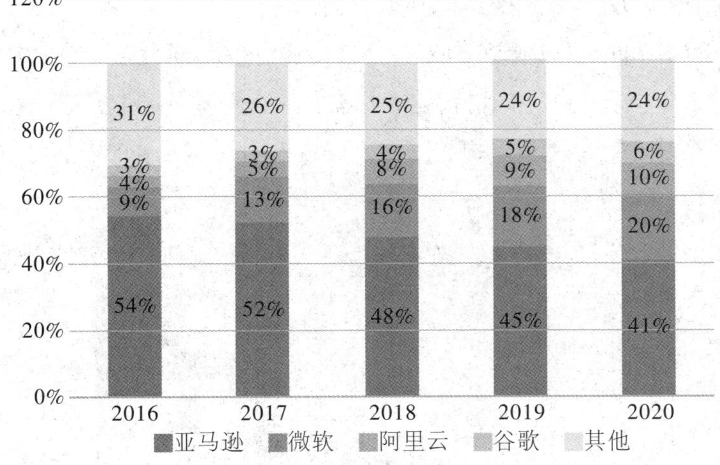

图4-13　全球云计算市场份额

资料来源　Gartner.

其他互联网科技巨头看到云计算市场的商业机遇，也纷纷开始布局云计算战略，参与竞争。越来越多的竞争者加入不断挤占亚马逊云计算市场，从图4-13中我们可以看到，亚马逊云计算全球市场份额从2016

年的54%逐年降低至2020年的41%。特别是微软和阿里云，分别增长到20%和10%，成为亚马逊强劲的竞争对手。亚马逊要保持自身在云计算市场的绝对优势将有一定的压力。

云计算是一项前景广阔的产业，随着大数据、人工智能时代的到来，对云计算的需求无疑将会迎来爆发式增长。亚马逊将采取何种策略来保证市场份额稳定、保障自身在该领域的绝对地位，是一个值得管理层思考和探索的问题。

4.2.6 订阅服务

亚马逊从一家网上书店发展至今成为全球互联网公司巨头，其业务所涉及的领域越来越广，用户也迅速增加，然而，亚马逊在网上书店方向依旧坚持发展：2008年3月，亚马逊以3亿美元收购了Audible；2011年7月，亚马逊收购了The Book Depository，等等。时至今日，亚马逊订阅服务的产品已经扩展到音频书、数字视频书、数字音乐书和其他非AWS订阅服务等。其中比较有名的产品如Kindle采用电子墨水改善了传统电子阅读的不足之处，受到了广大用户的好评。

从图4-14中可以看到，亚马逊订阅服务在不断发展。从2014年到2020年每年同比增长率保持在30%以上。亚马逊的科技手段为订阅服务提供了更多的便利和用户友好性，其中Kindle每年更新产品，成为广大用户电子阅读的“神器”，如图4-15所示。

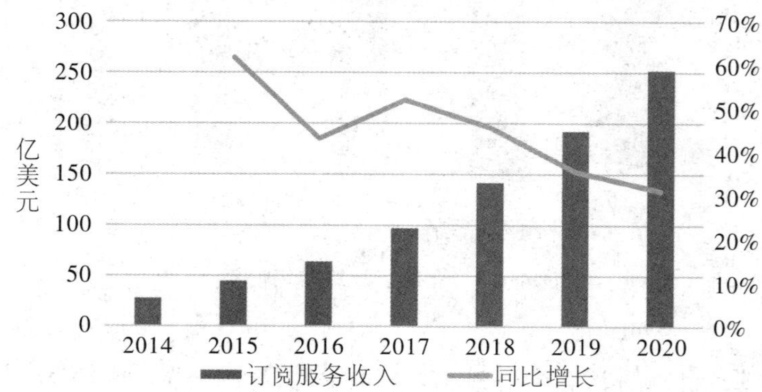

图4-14 亚马逊订阅服务收入及同比增长

资料来源 亚马逊公司年报.

图4-15　Kindle部分产品

4.3　业绩分析

4.3.1　增长能力分析

如图4-16所示，从亚马逊的营业收入来看，亚马逊2010—2020年的经营稳步增长。其中营业总收入每年维持在20%以上的同比增长。在2020年实现了3 860.64亿美元的营业收入，相比于2010年342亿美元的营业收入，亚马逊2010—2020年营业收入增长了10倍多，可以看到其总体的经营能力比较稳定。

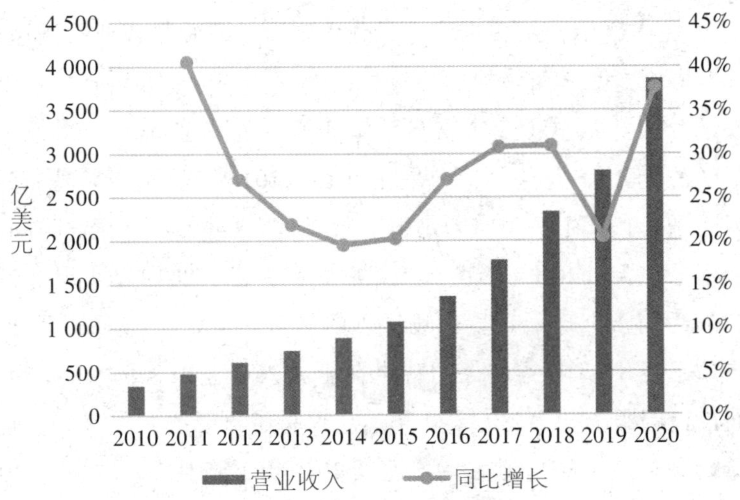

图4-16　亚马逊营业收入及同比增长

资料来源　亚马逊公司年报.

如图4-17所示，从营业利润来看，2014年亚马逊由于新品开发、音乐和视频版权以及其他战略成本激增，导致营业利润骤然下降；亚马逊2010—2020年的营业利润总体上保持增长，营业利润从2010年的14亿美元增长到2020年的228.99亿美元，亚马逊能够保持相对稳定的营业利润增长。

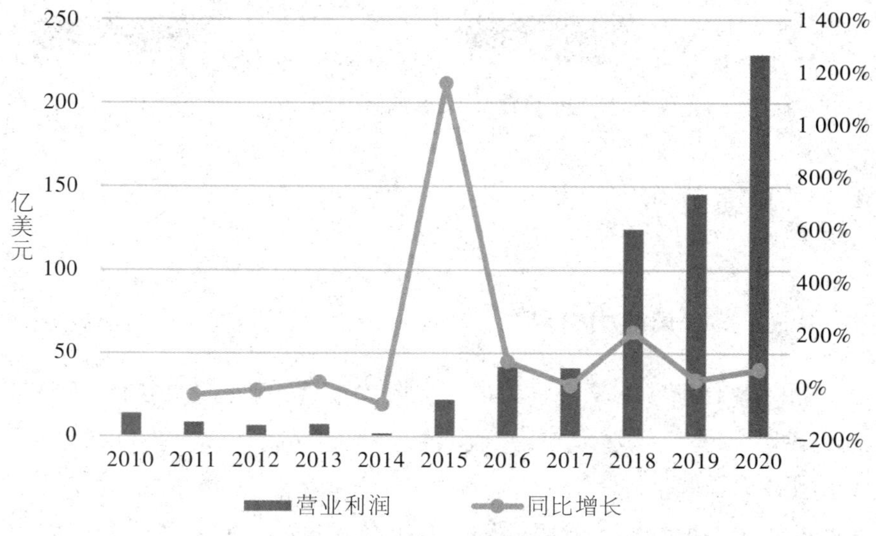

图4-17 亚马逊营业利润及同比增长

资料来源 亚马逊公司年报.

如图4-18所示，从各主营业务分别来看：自营零售业务增速最低，一个主要原因是其体量大导致增速相对缓慢，从自身来看也一直维持在10%以上，因此从总体上来看自营零售业务的增速尚可。2019年之前增速最快的是AWS业务，特别是在2015、2016年两年均实现了50%以上的同比增长，其中一个原因是得益于当时大数据、人工智能等概念火热，特别是在AlphaGo与李世石大战后达到高潮，2019年实现了37%的增速，随后由于全球云计算市场激烈的竞争，AWS增速下降到2020年的29.53%。云计算业务最大的特点在于新兴产业未来仍然有较大的发展空间。订阅服务与第三方零售增速也保持了不错的发展态势，订阅服务增速略微下降；第三方零售增速在2019年下降到26%之后，2020年迎来49.66%的高增速。

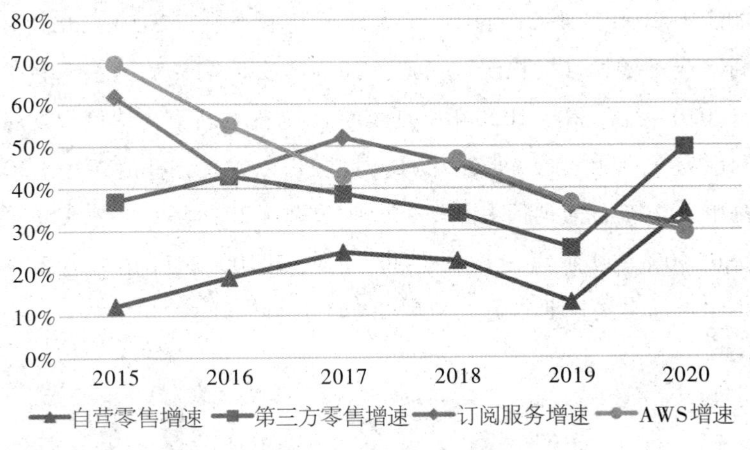

图 4-18　亚马逊主营业务增速

资料来源　亚马逊公司年报.

4.3.2　盈利能力分析

前文说到亚马逊每年能够保持相对稳定的经营利润，但是是否意味着其盈利能力也比较强呢？我们将美国另外一家电商巨头 eBay 与亚马逊进行对比，从图 4-19 中可以看到：营业利润率方面，eBay 始终保持在 20% 以上的营业利润率，而亚马逊的营业利润率非常低，只有在 2018 年、2019 年和 2020 年分别为 5%、5% 及 6%，在 2010—2020 年的其余年份中均低于 5%。

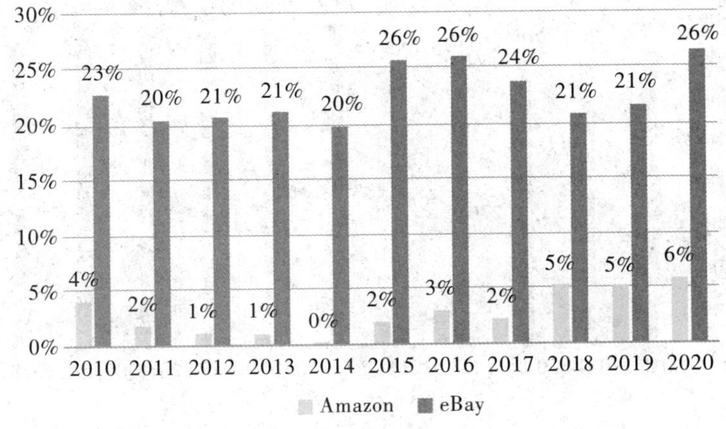

图 4-19　营业利润/营业收入

资料来源　亚马逊及 eBay 公司年报.

如图4-20和图4-21所示，从销售毛利率来看，2010—2020年亚马逊毛利率连年增长且增长比较稳定。2019年实现41%的销售毛利率，在2010—2020年中最高；2020年实现40%的销售毛利率，从自身发展来看其盈利能力在不断上升。但是与eBay比较可以发现，eBay2010—2020年均保持了70%左右的销售毛利率，而亚马逊从2018年开始才实现销售毛利率突破40%，其余年份均低于40%且在2010、2011年只有22%。与eBay相比可以看到，亚马逊的盈利能力还有待提升。

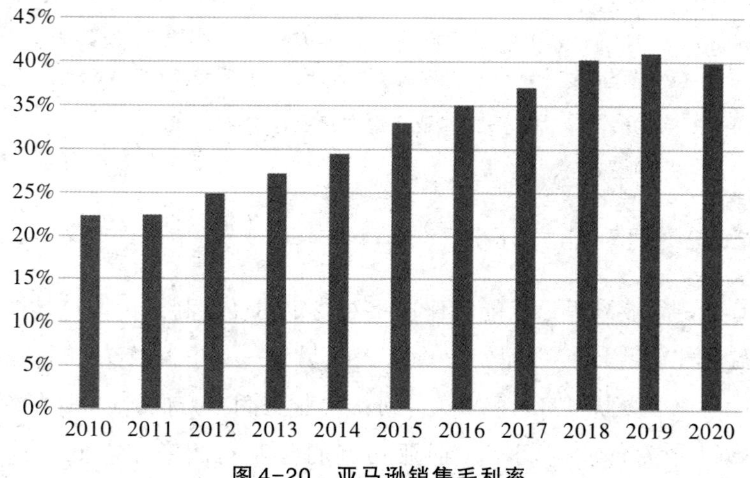

图4-20 亚马逊销售毛利率

资料来源 亚马逊公司年报.

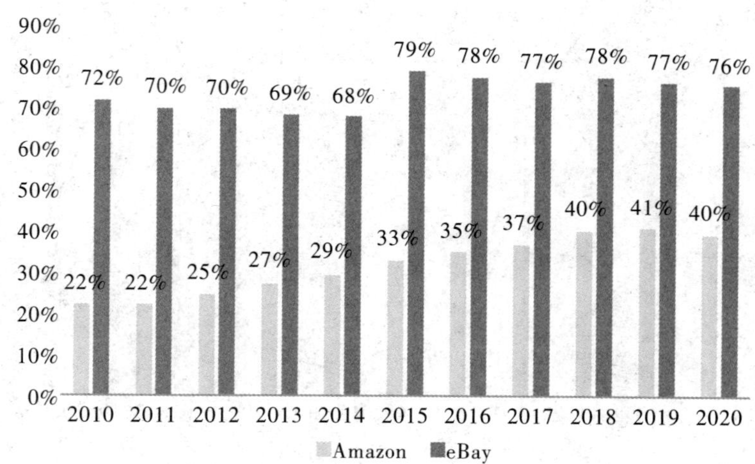

图4-21 销售毛利率：亚马逊&eBay

资料来源 亚马逊及eBay公司年报.

从图4-22中可以看到，亚马逊云计算业务近年利润率总体呈现上升趋势，均高于亚马逊整体的利润率。也就是说，亚马逊的云计算业务已经成为公司整体利润率的重要驱动业务，之所以整体利润率比较低，是因为其他业务的盈利能力较弱，从而拉低了整体盈利能力。

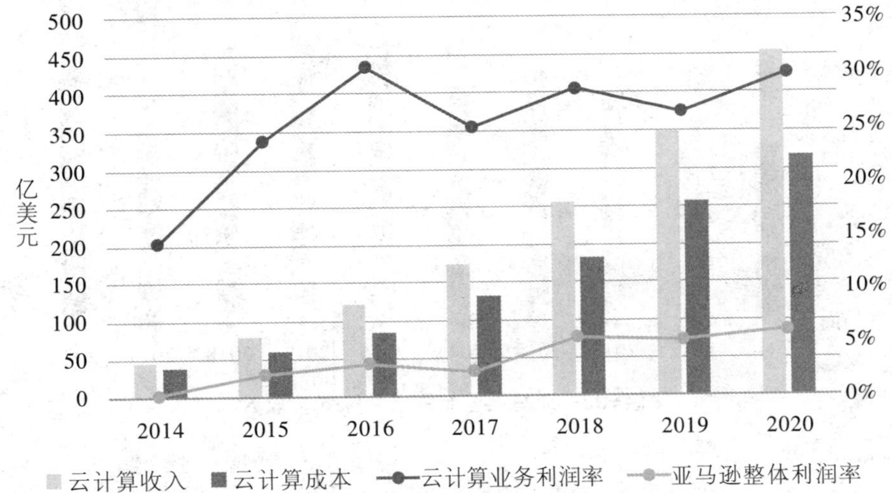

图4-22　亚马逊云计算营收与成本

资料来源　亚马逊公司年报.

4.3.3　成本费用分析

亚马逊作为全球最大的电子商务公司，营业收入也是稳居第一，但是为何盈利能力却不及甚至远低于同行eBay？其中一个原因在前文我们已经谈到了，Prime会员制度提供的便利提高了用户黏性且吸引了更多的新用户，但是面对破亿的Prime会员，一日送达业务需要更强的仓储能力以保证快速发货以及高效率的物流服务，这就需要投入更多的资金。

从图4-23中我们可以看到，亚马逊的仓储物流费用占销售收入的比例在逐年增加。从2011年占比约10%一路增长到2020年的27%左右，成为亚马逊的一项比较大的支出，从而对经营利润产生一定的不利影响。

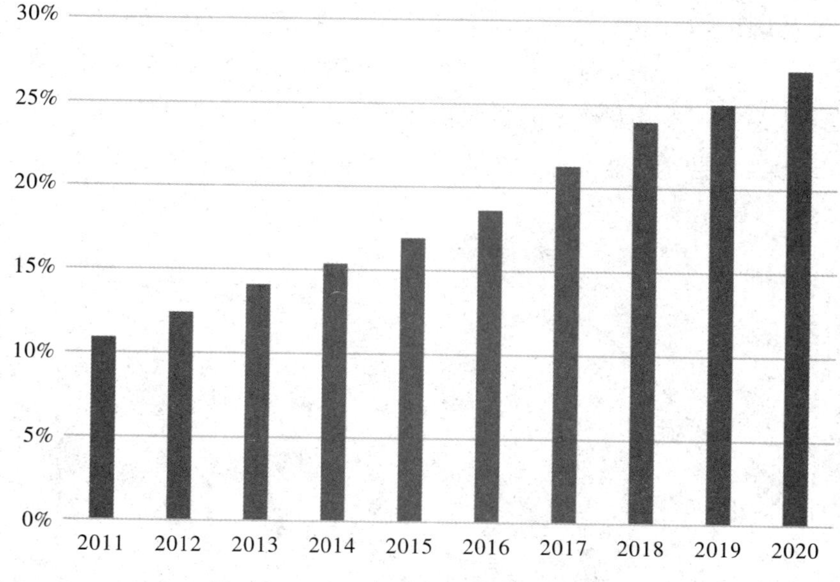

图4-23 亚马逊仓储物流费用/销售收入

资料来源 亚马逊公司年报.

虽然与美国其他电商巨头相比，亚马逊当前在物流方面的成本费用极高，从目前来看，拉低了亚马逊的盈利能力，但是与其他电商巨头不一样的是，从长远来看，亚马逊的高成本是在积极构建自身的物流体系。根据乐天市场（Rakuten Intelligence）的调查，购物者在平台下单后，其他电子商务公司平均需要6天的时间将包裹送到用户手中，而亚马逊平均仅需3.2天。

从图4-24中可以看到，截至2020年，亚马逊总仓储面积超过4亿平方米，仓储面积年增长率保持在10%以上。遍布全球的仓储系统为其就近仓库发货的高速物流模式奠定了基础，尤其对于跨境物流，通过预测当地的产品需求提前将产品运输并存储在仓库内，待顾客下单后就近仓库发货迅速送达，缩短了物流时间，提高了用户体验。

从图4-25中可以看到，截至2019年，亚马逊包裹接近一半（47.60%）由自己的物流体系运输，且保持持续上升的趋势。亚马逊物流已经在美国国内物流领域占有一席之地。因此，亚马逊当前高成本的物流建设蕴藏着未来的巨大潜在价值，为亚马逊在物流领域的开拓与领先打下了基础。

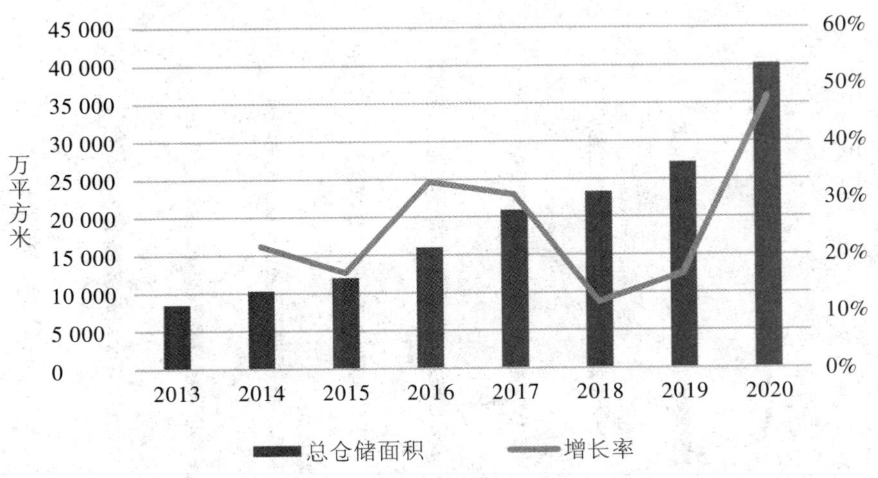

图4-24　亚马逊总仓储面积

资料来源　亚马逊公司年报.

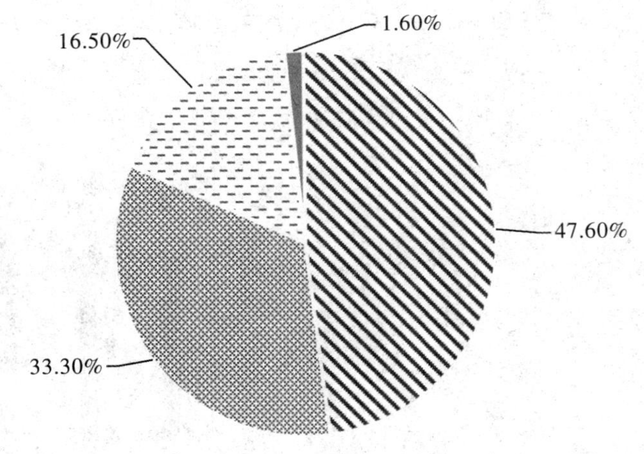

图4-25　2019年亚马逊包裹运输物流占比

资料来源　Rakuten Intelligence.

亚马逊在仓储、物流方面的成本拉高了其销售费用，降低了营业利润率。但是从图4-26中可以看到，亚马逊管理费用率一直低于eBay，维持在2%以下，而eBay大多在10%以上，亚马逊的管理效率相比于eBay要高。从图4-27来看，亚马逊财务费用率历年也低于eBay，基本维持在1%以下，而eBay在2016—2020年均高于2%。

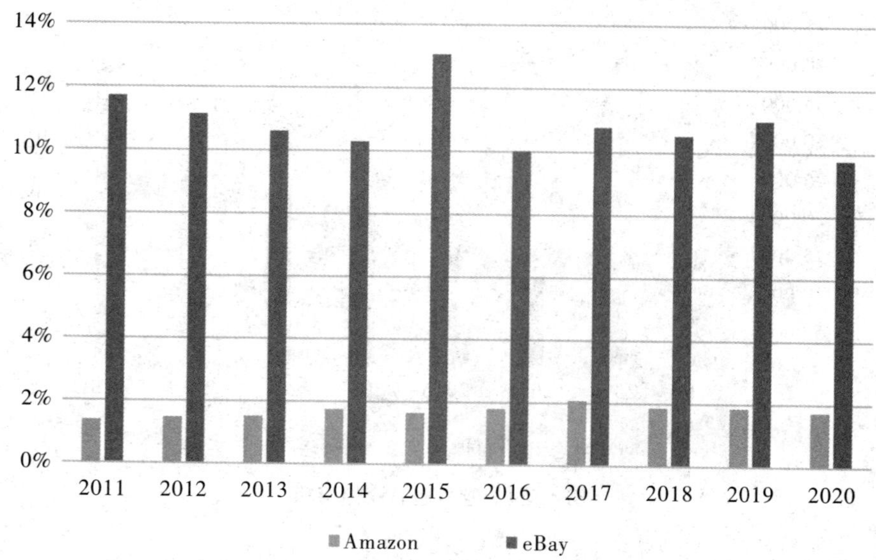

图 4-26 亚马逊管理费用/营业收入

资料来源 亚马逊和eBay公司年报.

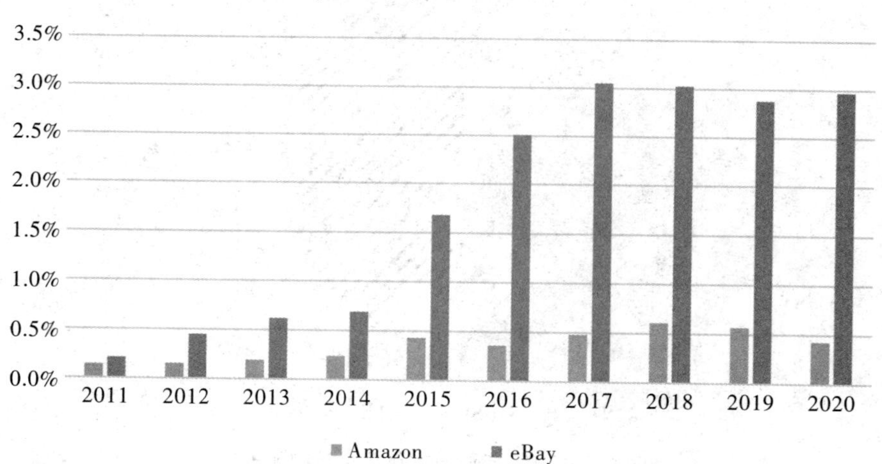

图 4-27 亚马逊财务费用/营业收入

资料来源 亚马逊和eBay公司年报.

因此，从管理费用率与财务费用率来看，亚马逊对成本控制更好，之所以亚马逊总体上的营业利润率低于eBay，是因为销售方面的仓储物流费较高。

4.4 绝对估值法：剩余收益模型

本节采用剩余收益估值法对亚马逊进行估值。考虑到2020年新冠肺炎疫情对全球经济造成的影响，各国的经济政策将会影响公司股价的正常走势。比如，美国的量化宽松政策给市场带来巨大的短期流动性，加强了股票价格在短期内的波动；疫情加速了利率的下降，无风险利率将会降低等。

为了将疫情对模型参数、估值结果的影响纳入到公司估值的考虑范围内，我们在本书中将公司的价值估算到2020年12月31日，以保证结果的时效性。

第一步，使用CAPM模型计算资本成本r_E：

$$r_E = r_f + \beta\left(r_M - r_f\right) \tag{4-1}$$

其中：r_f为无风险利率；r_M为市场收益率。

使用美国金融学教授阿斯沃斯·达摩达兰（Aswath Damodaran）在其网站公布的部分基准数据，取美国10年期国债在2020年12月底利率为无风险利率$r_f = 0.93\%$，市场利率取从1971年到2020年的标普500指数年平均收益率$r_M = 8.08\%$。使用Wind数据库计算从2010年12月31日到2020年12月31日的日收益率数据，得到$\beta = 0.8662$。根据CAPM模型计算得到$r_E = 7.12\%$，即亚马逊的资本成本为7.12%。

后面步骤采用的方法与第1章计算相同，故不再赘述。由表4-1可得，2020年12月31日的亚马逊估值为1 234.60美元/股。

表4-1 **剩余收益模型** 金额单位：美元

时期	实际期	实际期	实际期	预测期t1	预测期t2	预测期t3
年度	2018	2019	2020	2021	2022	2023
EPS	20.14	23.01	41.83	51.59	77.31	100.92
DPS	0	0	0	0	0	0
BPS	88.69	124.62	185.69	237.28	314.59	415.51

续表

时期	实际期	实际期	实际期	预测期 t1	预测期 t2	预测期 t3
ROCE		22.71%	18.46%	27.78%	32.58%	32.08%
RE				38.36	60.41	78.51
折现因子				1.07	1.15	1.23
RE 现值				35.81	52.64	63.87
RE 总现值			152.32			
持续价值			896.59			
每股价值			1 234.60			

资料来源 Wind 数据库.

剩余收益估值方法的估值准确与否，关键在于估值参数的选择，对此表 4-2 列出了对资本成本参数和剩余收益未来增长率进一步的敏感性分析。第一行代表的是不同的未来增长率 g，第一列代表的是不同的收益增长率 r。2020 年 12 月 31 日亚马逊的股价是 3 256.93 美元/股，从敏感性分析表中可以看到，与资本成本率 r=8.12%、永续增长率 g=6% 的估值比较接近。

表4-2 **敏感性分析** 金额单位：美元

	g=0%	g=1%	g=2%	g=3%	g=4%	g=5%	g=6%
r+1.5%	991.87	1 087.01	1 210.87	1 378.79	1 619.34	1 992.68	2 650.64
r+1%	1 062.68	1 174.09	1 321.89	1 527.38	1 832.54	2 333.11	3 305.17
r+0.5%	1 142.93	1 274.48	1 452.83	1 708.32	2 104.84	2 803.66	4 363.45
r	1 234.60	1 391.45	1 609.53	1 933.40	2 464.64	3 496.27	6 364.65
r−0.5%	1 340.28	1 529.42	1 800.37	2 220.88	2 961.98	4 616.15	11 577.84
r−1%	1 463.42	1 694.53	2 037.75	2 600.74	3 694.03	6 733.83	59 068.99
r−1.5%	1 608.66	1 895.61	2 340.95	3 125.82	4 877.68	12 250.49	—

注：空白处表示资本成本小于未来增长率，估值为负，无意义。

那么6%的剩余收益永续增长率对于亚马逊来说是否合理？从4.3.2中的分析我们可以看到：当前亚马逊的传统零售业务盈利能力低，其主要的盈利增长点来源于云计算服务。也就是说，未来亚马逊的发展可能逐渐转移到云计算为主导的高科技企业。那么，云计算业务能够支撑亚马逊以6%的速度永续增长吗？

要分析亚马逊的云计算业务能否支撑公司以6%的速度永续增长，首先要分析一下云计算产业整体上还有多大的市场空间等待挖掘。如图4-28所示，依据IDC的数据统计及预测，2019年云计算在北美地区的渗透率仅有23%，还有70%多的市场未普及云计算服务，且当时预测2020年底渗透率达到26%，2023年渗透率将达到47%，比当前渗透率将高出一倍。北美地区科技发达，亚马逊因为近水楼台所以牢牢占据北美地区的市场。因此，从预测数据来看，亚马逊云计算产业在北美地区的业务规模到2023年将扩大一倍左右，互联网的发展往往呈现指数形式的增长，亚马逊云计算业务后续会保持爆发性的增长，成为亚马逊盈利的重要驱动点。

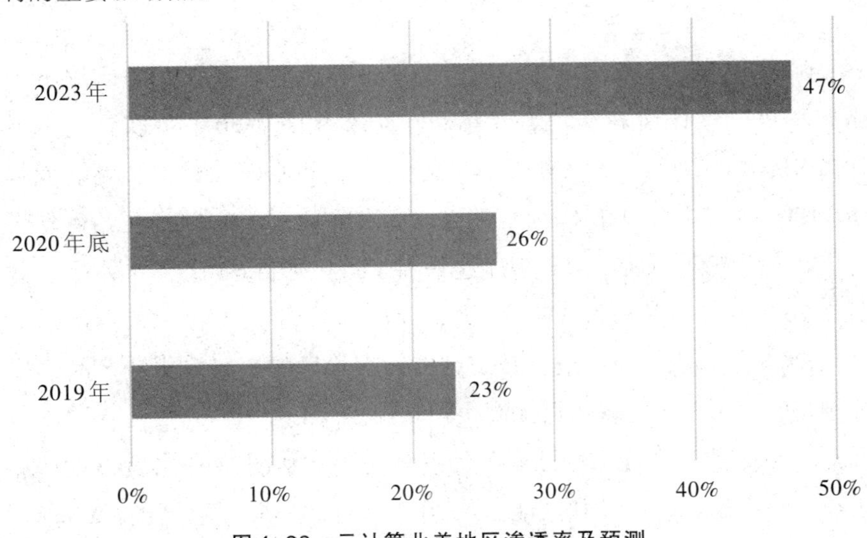

图4-28　云计算北美地区渗透率及预测

资料来源　IDC.

亚马逊也在积极扩张海外市场。如图4-29所示，亚马逊不仅在北美地区开展云计算业务，AWS目前已经在全球25个地理区域内运营着

81个可用区，并计划建立7个新的云计算运营区。亚马逊云计算产业业务布局很广，说明亚马逊对AWS的业务期待值很高。与此同时，全球范围内布局也会对相关竞争者造成压力，有助于亚马逊继续在云计算领域保持绝对领先优势。

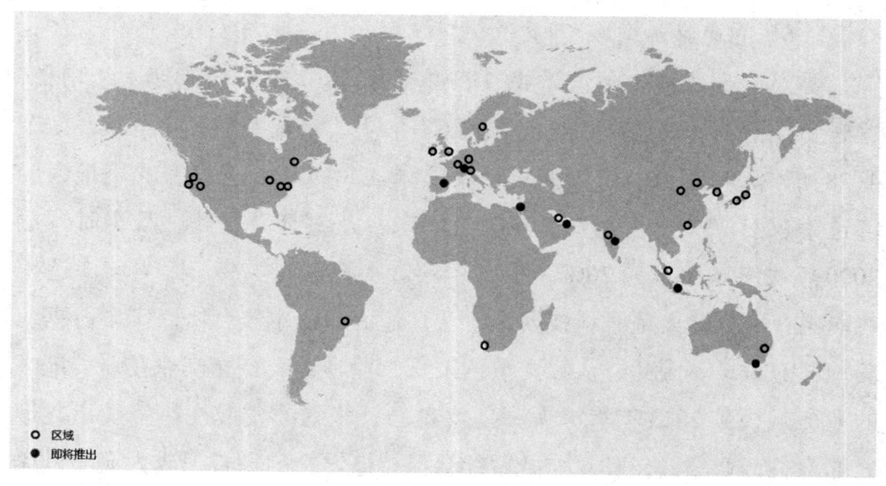

图4-29 AWS全球范围运营地区

资料来源 亚马逊公司官网.

除了亚马逊本身的业务扩张之外，亚马逊也在积极调整云服务策略，尽可能地保留老客户、开拓新市场。从图4-30中可以看到，自2011年以来，亚马逊的AWS每年都会实行降低服务价格的战略。尤其在2011—2013年，平均每个月都会有一次降价；从2014年开始每年降价次数较前几年有所下降，但是也保持了每年降价6次左右的水平，截至2020年5月，亚马逊AWS一共降价82次，并且预计未来会继续降价。AWS价格不断降低是在努力打造物美价廉的云计算服务产品，提高用户的使用性价比，进而提高用户黏性。

除了降低产品价格保证服务的竞争力外，从图4-31来看，亚马逊也在不断推出新的产品和功能。从2011年到2018年，亚马逊AWS每年推出的新产品和功能数量快速上升，2015—2018年同比增长稳定在40%左右。与云计算业务另一巨头阿里巴巴相比，阿里巴巴2018年的产品与功能数量为678个，是亚马逊的三分之一左右。亚马逊在云计算业务创新方面遥遥领先。

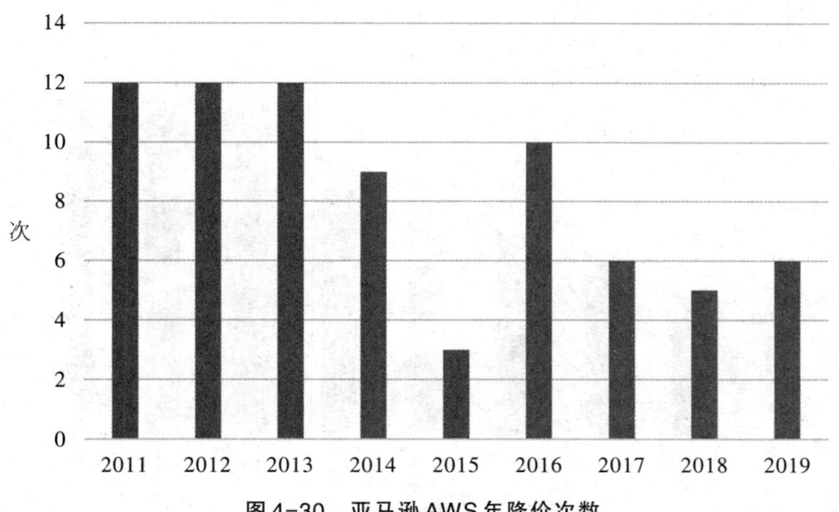

图 4-30 亚马逊 AWS 年降价次数

资料来源 亚马逊公司财报.

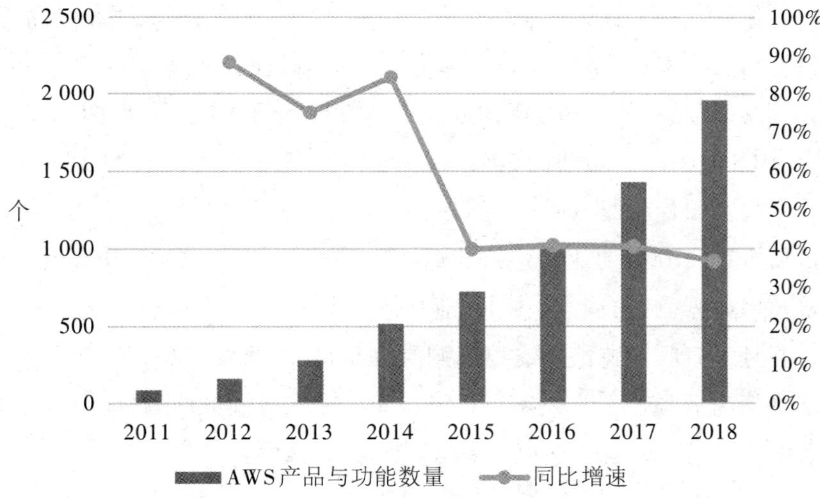

图 4-31 AWS 产品与功能数量

资料来源 亚马逊公司财报.

亚马逊通过降低服务价格、提升产品性能的方式不断追求云计算服务的“物美价廉”，增强用户黏性以及吸引新的用户。从图 4-32 可以看出，亚马逊 AWS 业务的预付款每年增加，也就是客户先交钱后享受服务，体现出亚马逊云计算业务当前具有一定的议价优势，产品具有强大的用户黏性。

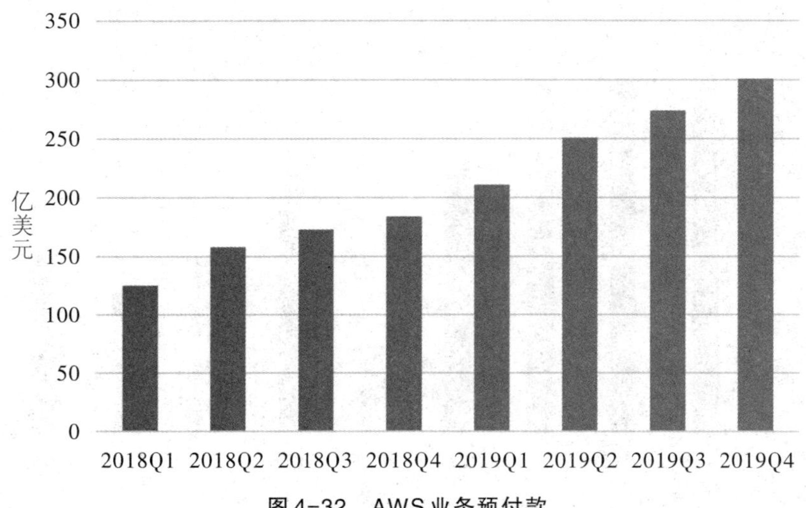

图 4-32 AWS 业务预付款

资料来源 亚马逊公司年度报告.

通过以上对云计算产业整体发展空间、亚马逊自身云计算业务的发展格局与竞争优势的分析来看，我们认为亚马逊的云计算业务未来发展前景广阔，且未来会成为亚马逊的主要支柱业务。截止到2020年，亚马逊AWS营收同比增速为30%，而从表4-1来看，亚马逊2021—2023年剩余收益预计会翻倍增长，远远高于6%。

结合上文分析的亚马逊云计算业务前景，从图4-28可以看出云计算普及率还有很大的上升空间，亚马逊未来有能力保持相对高的营收增速，并且该营收增速能够支撑起剩余收益6%的永续增长，因此，我们有理由认为亚马逊作为一家高科技公司在未来可以保持剩余收益6%的永续增长。

4.5 相对估值法：基于P/GMV与P/S模型

上一节采用的剩余收益模型是一种绝对估值方法，传统的经典绝对估值方法还包括现金流折现模型、股利折现模型等。在这些方法中，我们需要对一系列财务数据如营业收入、资金成本、收益水平等做出合理的估计，并且参数的选取往往对结果产生比较大的影响。

科技公司与传统公司不一样，科技公司在期初往往需要投入大量资金，并且企业的投入经常需要通过未来的盈利得以体现，即企业的投入在短期内与盈利不成正比，因此，现金流折现模型、股利折现模型等并不太适用于高科技企业。

除了绝对估值法之外，学者们还提出采用相对估值法对公司进行估值，如市盈率（P/E）估值、市净率（P/B）估值和市销率（P/S）估值等。

针对互联网企业还有比较专门的特殊估值方法。互联网企业的特点是其不像传统企业那样通过投入大量资产购置设备、生产产品销售盈利，而是通过用户带来流量促进企业平台的发展，进而提高企业的知名度与价值。基于梅特卡夫定律，我们可以知道互联网社交类企业的价值通过月活跃用户数（MAU）反映出来；对于电商类企业，成交总额（GMV）反映了电商平台的价值，市值/成交总额（P/GMV）适用于电子商务公司的估值。

相对估值法的一般步骤有：

（1）根据目标企业的业务特点和经营情况，选择同行业中相接近的可比企业；

（2）确定适用于目标企业的估值指标；

（3）分析计算各可比企业的估值指标；

（4）根据各可比企业的估值指标水平和目标企业相应指标，计算目标企业的股票价值。

从前文的分析我们了解到，亚马逊作为电子商务公司，线上零售业务是亚马逊价值的重要组成部分。除此之外，我们也可以看到亚马逊的云计算业务在全球占有绝对的优势，并且云计算产业在未来有着广阔的前景，因此云计算业务将会成为亚马逊价值的重要驱动点。

基于上述分析，我们认为将亚马逊分为两部分估值比较合理，即：

亚马逊价值=电商平台价值+云计算业务价值

4.5.1 电商平台相对估值：基于P/GMV估值法

亚马逊电商平台在美国国内占有绝对的领先优势。Business Insider

的报告显示，亚马逊在美国电商市场上所占份额超过45%，体现出一家独大的优势。美国本土的电商上市公司还有eBay、沃尔玛等，然而这些公司与亚马逊在体量方面并不一致；中国电商巨头阿里巴巴的体量与其较为接近，然而阿里巴巴并不只是电商业务，其价值驱动有多项因素，因此不适合选为电商业务的可比公司。

经过分析，我们选取eBay的数据作为亚马逊的可比公司基础数据，再将eBay的P/GMV值作为后续敏感性分析的一个维度，对亚马逊电商平台价值做出更稳健的评估。

eBay2020年年报显示其全年总成交量达到1 000亿美元，2020年12月31日总市值为343.71亿美元，因此可以计算其P/GMV，见表4-3。

表4-3 eBay市值与GMV

总市值（亿美元）	GMV（亿美元）	P/GMV
343.71	1 000	0.34371

资料来源 Wind数据库.

亚马逊年报并未直接公布2020年的GMV数据。参考eMarketer报告得到亚马逊2020年总成交额为4 750亿美元，结合eBay的P/GMV数据可以得到亚马逊在2020年底的电商平台价值为：

$$P_{亚马逊电商} = GMV_{亚马逊} \times \left(\frac{P_{eBay}}{GMV_{eBay}}\right) = 1\ 632.62（亿美元） \tag{4-2}$$

4.5.2 云计算相对估值：基于P/S估值法

当前云计算业务处于建设“烧钱”阶段，盈利能力还未完全体现出来，针对此类特点本部分选取市销率（P/S）相对估值模型。

（1）可比公司选取及P/S估算

采用P/S相对估值法的第一步是选取同类业务的公司进一步计算P/S均值。由于诸如微软、阿里巴巴等其他云计算巨头的业务多元，因此不适合作为云计算的可比公司。对于如何选取云计算可比公司，我们参考了First Trust ISE云计算指数基金（SKYY.O）的长期重仓持股情况。主营业务属于云计算概念的美国上市公司具体信息见表4-4。

表4-4　　　　主要云计算公司主营业务及营收

公司名称	主营业务	2020年营收（亿美元）
ORACLE	提供数据库、工具和应用软件以及相关的咨询、培训和支持服务	404.79
VMware	虚拟化和云基础架构	117.67
CTXS.O	为企业提供虚拟化、网络和云计算解决方案	32.37
AKAM.O	为客户提供内容交付和云基础设施服务	31.98
ANET.N	解决大型互联网企业、云服务提供商及下一代数据中心企业的需求	23.18
TWLO.N	帮助开发者轻易地在其应用程序中加入短信、语音和网络电话功能	17.62

资料来源　Wind数据库.

亚马逊AWS在2020年实现了453.70亿美元的收入，表4-4中只有ORACLE和VMware达到了百亿美元级别的年收入，与亚马逊的年收入处于同一个级别。从两家公司来看，ORACLE在营收上更加接近亚马逊AWS年收入。然而仅仅选择一家公司作为可比公司显然存在很大的偶然性，并且ORACLE的主营业务为提供数据库、工具和应用软件以及相关的咨询、培训和支持服务，与亚马逊AWS提供的服务有一点概念相关但并不是完全一致；VMware的主营业务与亚马逊AWS的经营方向更为契合。因此，为了保守起见，我们选择这两家公司作为可比公司，考虑到营收规模的问题，我们以营收为比重计算加权的市销率来表征亚马逊的可比公司市销率均值。

我们从Wind数据库中获取ORACLE和VMware两家公司在2020年的市销率数据，见表4-5。

（2）公司价值估计

由亚马逊年报可知，其云计算业务（AWS）在2020年实现了453.70亿美元的收入。结合第一步计算的市销率均值，可以计算亚马逊云计算业务在2020年底价值为：

表4-5　　亚马逊AWS可比公司市销率

公司名称	ORACLE	VMware	加权P/S
P/S	4.83	5.10	4.89
销售收入（亿美元）	404.79	117.67	

资料来源　Wind数据库.

$$P_{AWS}=(P/S)_{可比}\times S_{AWS}=2\,218.59\text{（亿美元）} \tag{4-3}$$

4.5.3　价值加总及敏感性分析

由前两小节分析可知：亚马逊2020年底电商平台价值为1 632.62亿美元，云计算价值为2 218.59亿美元，因此亚马逊2020年底估值为：

$$V_{亚马逊2019}=V_{电商平台}+V_{云计算}=3\,851.21\text{（亿美元）} \tag{4-4}$$

将亚马逊价值除以2020年底总股本5.03亿股，可以计算出2020年底亚马逊每股价值为：

$$P_{亚马逊2019}=\frac{3\,851.21}{5.03}=765.65\text{（美元）} \tag{4-5}$$

相对估值法的关键在于同类公司的选取比较重要，因为同类公司的价值指标将会直接影响到估值结果。基于上文分析，我们认为影响亚马逊相对估值结果的主要是P/GMV影响电商平台估值、P/S影响云计算估值，进而对总体估值结果产生影响，因此本节对两种指标做敏感性分析，结果见表4-6。

表4-6　　敏感性分析　　金额单位：美元

P/S \ P/GMV	0.2	0.3	0.34	0.4	0.5	0.6
3.5	504.56	599.00	640.27	693.43	787.86	882.30
4	549.66	644.10	685.37	738.53	832.96	927.40
4.5	594.76	689.19	730.47	783.63	878.06	972.50
4.89	629.94	724.37	765.65	818.81	913.24	1 007.67
5.0	639.86	734.29	775.57	828.73	923.16	1 017.59
5.5	684.96	779.39	820.67	873.83	968.26	1 062.69
6.0	730.06	824.49	865.77	918.93	1 013.36	1 107.79
6.5	775.16	869.59	910.87	964.03	1 058.46	1 152.89

2020年12月31日亚马逊的股价是3 256.93美元/股，以上敏感性分析价值均低于2020年12月31日股票价值，因此依据相对估值模型结果，认为亚马逊的市场价值存在高估。

从本章的估值结果来看，采用剩余收益模型估值，当永续增长率为6%时，估值结果与当前股价比较接近。经过分析可知，亚马逊云计算业务发展前景巨大，未来会成为亚马逊的主要盈利来源，有可能实现6%的永续增长，因此剩余收益模型的估值结果认为亚马逊当前股价是其潜在价值的体现。采用相对估值法得到的结果显示亚马逊当前股价偏高。

当剩余收益模型与相对估值法的结果产生偏差时，更倾向于相信剩余收益模型的结果，因此，我们认为亚马逊当前的股票价格是合理的，且未来有继续增长的可能性。

4.6 案例小结

亚马逊从一家网络书店起航，经过多年的发展成为全球第一大电子商务公司、全球第一大云计算服务公司。每项第一都来之不易，是亚马逊领导层前瞻性的眼光使得公司率先进入互联网领域、云计算产业领域。

时至今日，亚马逊线上零售不再单单局限于网上书店，其销售范围已经涉及服装、玩具、书本、家用电器等人们日常生活必需品的方方面面，种类多达百万种；与此同时，亚马逊也不是一个单一的电子商务公司，其积极拓展线下零售业务，企图在线下零售行业开拓一片自己的领地；云计算业务也成为公司增长的重要驱动点，为公司保持强有力的竞争提供支撑；除此之外，亚马逊积极构建了自身的物流体系（FBA），完成电子商务从售货到运输的经营产业链。

近年来，随着电商零售业务发展速度有所下滑，亚马逊积极在线下零售、云计算等领域开拓发展，使其发展有多个支撑点，而不是仅仅依赖于电商业务。亚马逊已经成为一家具有多元化业务的互联网公司，是一家高科技公司，未来主要的发展方向是以云计算为核心的高新技术产业。

本章分别运用剩余收益模型与相对估值法对亚马逊的价值做出评

估，剩余收益模型的结果显示亚马逊未来在以6%的速度永续增长的情况下，估值结果与当前结果接近，而其相关业务转型使其实现6%的永续增长是有可能的；相对估值法的结果显示亚马逊当前股价过高。当绝对估值法与相对估值法的结果偏差较大时，我们更加倾向于支持绝对估值法的结果，即亚马逊当前的股票价格与其未来的增长潜力是匹配的。

第5章　特斯拉：一骑绝尘，舍命狂奔

5.1　发展历程：火箭般的成长史

2003—2021年，特斯拉从一家创业公司成长为全球市值第一的汽车制造商，在智能电动汽车赛道上舍命狂奔，与危机赛跑，一路向前，没有终点。

2003年，马丁·艾伯哈德（Martin Eberhard）和马克·塔彭宁（Marc Tarpenning）在美国硅谷创立特斯拉汽车公司。2004年2月，特斯拉获得埃隆·马斯克（Elon Musk）630万美元的投资。同时，马斯克成为特斯拉董事会主席。马斯克的加入改写了这家公司的命运。同年，特斯拉启动首款车型高端跑车Roadster的研发工作，研发团队也从十几人扩充至100多人。

2006年，特斯拉发布了Roadster的原型车。作为一款电动超级跑车，Roadster完成0~96千米/时加速仅需3.7秒，最高续航约400千米。Roadster展示了电动汽车技术的想象空间，打破了大众对电动汽车的刻板印象。马斯克邀请阿诺德·施瓦辛格（Arnold Schwarzenegger，知名演员、导演及政治家）、谢尔盖·布林（Sergey Brin，Google创始人）等知名人士参加了发布会。Roadster为特斯拉积累了第一批知名核心粉丝，树立了大众对特斯拉的高端品牌认知。

此时，特斯拉爆发了第一次生存危机。首款车型Roadster的诸多技术问题还未解决，公司资金告急。为了突破技术瓶颈，特斯拉内部进行了大规模的管理层人事调整和企业文化重塑，制定了更加严谨的规章制度。同时，零部件采购向美国本土集中，简化了供应链管理。资金方面，马斯克凭借自己的私人关系筹集了近2 000万美元加持特斯拉，由此坚定了投资者的信心，吸引了更多资金流入。至此，特斯拉跨过了第一个“鬼门关”。

2006年8月2日，马斯克发布“Master Plan”。“Master Plan”向公众揭秘了特斯拉未来十年的车型规划：首先做一款高端跑车，接着用高端跑车赚取的利润制造价格可接受的豪华车型，再利用从豪华车型赚取的利润制造平价车型。该计划也明确提到了特斯拉要做零排放能源解决方案，实现“加速世界向可持续能源转变”逻辑闭环。

2008年1月，马斯克开始担任特斯拉CEO，正式成为特斯拉的掌舵者。2008年6月，特斯拉的首款面向大众消费市场的豪华型轿车Model S发布。2012年6月22日，Model S在美国加州Fremont工厂下线，开始交付。一年后，Model S被评为年度世界绿色汽车、Motor Trend、Automobile年度汽车，获得了《时代》年度25个最佳发明、《消费者报告》历史最高分等荣誉。Model S成为特斯拉第一款真正的转折性产品。

2009年，特斯拉进行了第二轮较大规模的筹资，老牌汽车厂商戴姆勒入股特斯拉。2009年6月，特斯拉借助戴姆勒品牌的背书，获得美国政府（能源部）4.65亿美元贷款，彻底摆脱破产阴影。同时，特斯拉开始给丰田新能源车型生产电池，在一定程度上缓解了财务紧张状况。2010年，特斯拉以4 200万美元收购Fremont工厂（原属于通用汽车和丰田合资的新联合汽车制造公司NUMMI），经过改造后的Fremont工厂成为特斯拉主要的整车制造基地。同年，丰田向特斯拉投资5 000万美元。这一阶段的筹资和收购工厂，表明特斯拉在新能源汽车的核心技术方面得到了老牌汽车厂商的认可，同时也为自身未来的车型量产打下了坚实基础。

2010年6月26日，特斯拉正式登陆纳斯达克，IPO价格为17美元/股，融资2.26亿美元，成为继1956年福特后，多年来首家上市的美国初创汽车公司。

2012年2月，纯电动豪华SUV Model X发布，特斯拉正式进入中大型SUV市场。继首款高性能跑车和第二款转折性创新的豪华轿车后，特斯拉希望通过SUV本身的实用属性，将突破性的科技感与用户的生活需求更紧密地结合起来。保持科技感和娱乐性，强化生活需求和实用性，最终整合得到的就是一款面向大众的鹰翼门纯电动SUV。2015年9月Model X正式交付。

2012年，特斯拉开始进军商业储能领域，推出储能设备Powerwall和Powerpack。2016年11月，特斯拉并购太阳能能源制造商SolarCity，并购金额为26亿美元。SolarCity主营业务为太阳能生产、储存与服务。特斯拉将SolarCity的原工厂改造成纽约布法罗超级工厂Gigafactory 2，与松下联合生产电池，供给光伏屋顶和光伏模块使用。2017年6月，特斯拉收到来自澳大利亚南部100MW Powerpack的订单。由此，能源业务研发和太阳能产品正式整合。

2012年5月，特斯拉在加州开始建设超级充电桩，极大改善了车主的长途出行体验。超充网络的完善有效缓解了车主的里程焦虑，使得电动车的应用场景从市区通勤拓展到长途出行。到2019年，特斯拉发布了V3版本的新型超级充电桩，其峰值功率从V2版本的120kW提升到250kW，充电时间平均缩减50%。截至2021年上半年，特斯拉全球建成的超级充电站数量达到2 966个，超级充电桩数量达到26 900个。

2013年初，Model S的产能已经达到了550辆/周，随着电动汽车量产能力的逐渐提升，特斯拉为了保证自己的电池供应，决定自己建立电池工厂，并借此重塑电池技术和供应链。2014年6月，特斯拉超级工厂Gigafactory Nevada，也就是Gigafactory 1开工，整体建筑结构占地约18万平方米，多层作业区面积约49.2万平方米。特斯拉超级工厂Gigafactory 1与松下联合生产高性能锂电池，主要供给汽车动力电池和能源储存产品使用。2018年Gigafactory 1一期年产值达到20GWh，拥有了全球高水平电池厂的实力。由此，特斯拉拥有了动力电池研发和制造技术的竞争优势，电池性能成为特斯拉各车型产品的突出亮点。

开发和完善自动驾驶技术是特斯拉的长期战略。2015年10月，Autopilot（辅助驾驶功能）正式发布。特斯拉表示2014年10月之后出厂的车辆均已配备最新的辅助驾驶硬件。用户可以通过远程更新技术（OTA）随时将Autopilot更新到最新版本。2019年4月22日，特斯拉在自动驾驶发布会上，公布了自研的自动辅助驾驶计算芯片Hardware 3.0（简称HW 3.0），代表特斯拉正式进入自动驾驶软硬件全自研的阶段。自动驾驶技术成为电池技术之后，特斯拉第二项核心竞争力。

2016年4月1日，纯电动高级轿车Model 3，也就是“Master Plan”里面的最后一块拼图正式面世。至此，第一个十年计划“Master Plan”基本完成。

2016年7月20日，马斯克发布第二个十年商业计划“Master Plan Part Deux”。内容包括：①创造集成储能系统的太阳能屋顶；②拓展电动汽车生产线以满足所有品类的生产需求；③进一步提升自动驾驶的可靠性和安全性，使其超过人工操作的10倍；④成立自动驾驶车队，让你的汽车可以在你不使用的时候，自动为你赚钱。

2017年12月16日，特斯拉发布半挂卡车Semi。这是一款面向物流运输领域B端公司的电动卡车。

2018年8月，马斯克在Twitter上宣布特斯拉将按每股420美元的价格私有化，随之又发表公开信表示放弃私有化，造成股价剧烈波动。特斯拉和马斯克各被美国证券交易委员会（Securities and Exchange Commission，SEC）处以2 000万美元罚金。马斯克本人也被迫辞去董事长一职。

2018年11月，上海 Gigafactory 3开建，代表特斯拉的国产化时代开启。Gigafactory 3一期规划年产能20万辆，主要生产Model 3，二期规划年产能30万辆，计划生产Model 3和Model Y。2019年9月，上海工厂全面验收通过。2019年12月，国产版Model 3开始交付。Model 3作为特斯拉首款国产化车型，通过国产供应链降低成本所提供的降价幅度，预计会带来较大的市场需求增长。国产化版本交付以来，2020年3月首次销量破万，成为国内市场最具竞争力的高端新能源车型之一。

2019年3月14日，中型纯电动SUV Model Y发布。2019年11月，特

斯拉宣布欧洲超级工厂Gigafactory 4选址德国柏林，预计总投资44亿美元，占地740英亩，预计年产能50万辆，计划生产Model 3和Model Y。

2019年11月22日，Cybertruck纯电动皮卡发布。40小时内在全球范围内获得了14.6万张订单。

2019年末，特斯拉累计总销量已超越比亚迪，成为当时世界上销量最多的电动汽车制造商。2020年6月10日，特斯拉总市值已达1 901亿美元，取代日本丰田（1 823亿美元），首次成为全球车企市值最高的汽车制造商。

2020年9月22日，特斯拉在“电池日”上发布了新一代电池规格：4680大圆柱电池。这一成果保证了特斯拉在下一代车型电池系统的研发、工程和成本上均达到全球一线水平。

2021年1月27日财报会议上，特斯拉公布新款Model S车型的基本信息，新款Model S搭载了全新的座舱和底盘设计，代表特斯拉即将开始下一轮技术落地和产品革新。2021年6月11日，特斯拉在加州Fremont工厂举办首批新款Model S交付仪式，逐步启动美国地区的新款Model S车型交付。

2021年8月19日，特斯拉举办AI Day人工智能日，公布了特斯拉在自动驾驶软件设计、人工智能训练芯片集群和特斯拉机器人Tesla Bot方面的进展。前两项确立了特斯拉偏重视觉的自动驾驶路线，能够体现其自动驾驶研发能力仍然领先于其他车企。第三项Tesla Bot虽然在市场上褒贬不一，但是Tesla Bot向外界明确表明，特斯拉将会是一家人工智能公司，未来潜力不限于电动智能汽车方面。

5.2 持续进击的商业版图

特斯拉的主营业务包括电动汽车业务、发电和储能产品业务两大板块，如图5-1所示。其中，电动汽车业务是特斯拉的核心收入来源。发电和储能产品业务作为特斯拉实现加速世界向可持续能源转变的重要一环，前景可观。

愿景
产品
能力
电动汽车业务
可持续能源转型
人工智能商业化
汽车全面电动化、超充网络等
Robotaxi、FSD等
电动汽车产品：Model S/3/X/Y、CyberTruck、ATV、Roadster、Semi
动力电池、智能汽车
车载操作系统、自动驾驶技术
电动汽车各子系统的设计
制造
软件
研发设计
Gigafactory、Terafactory
Autopilot、电子电气架构
电化学、芯片、传统汽车研发
目标愿景一致
通过V2G等实现产品互补
底层能力基本共通
发电和储能产品业务
可持续能源转型
VPP等
太阳能发电与储能产品：Powerwall、Powerpack、Megapack、Solar Roof/Glass
储能电池、光伏电池板及其他零件
研发设计
制造
电化学及其他零件研发
Gigafactory、Terafactory

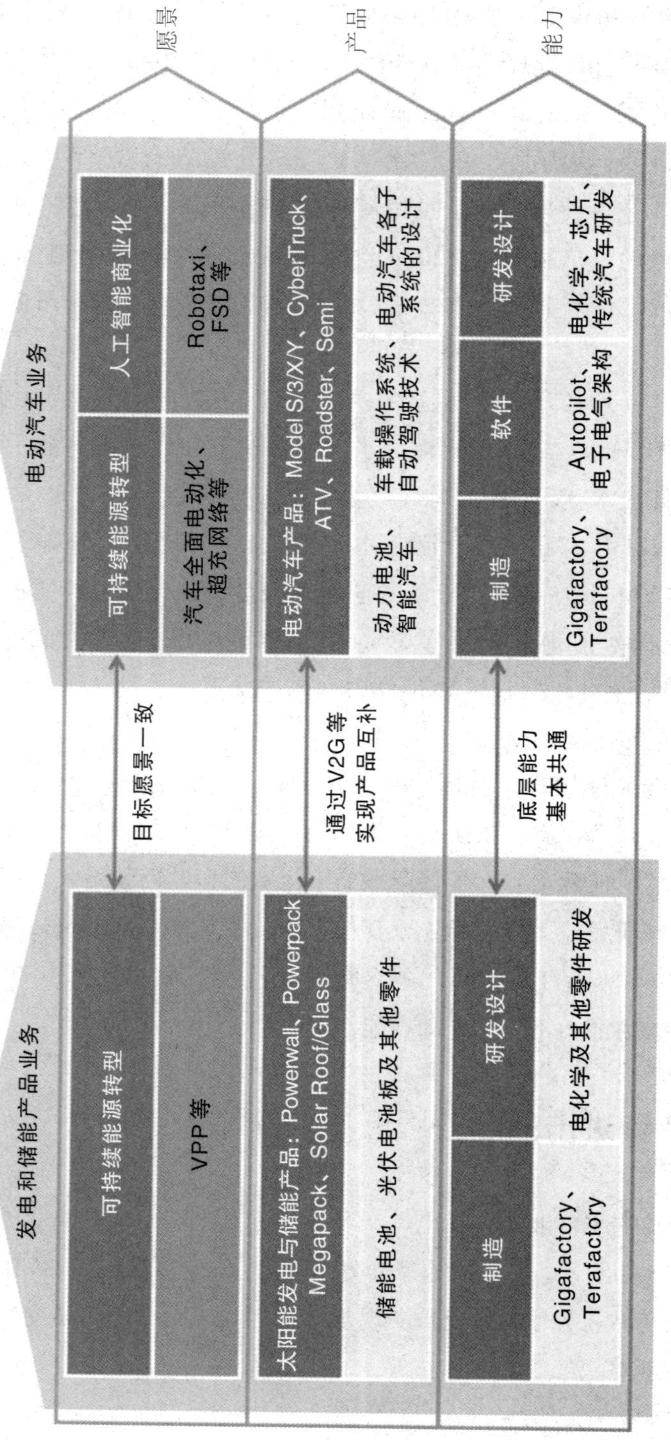

图5-1 特斯拉业务版图

如图5-2所示，从营业收入的构成来看，电动汽车板块收入（汽车销售收入、汽车租赁收入和服务及其他收入）占比保持在90%以上，发电和储能收入增长较快。

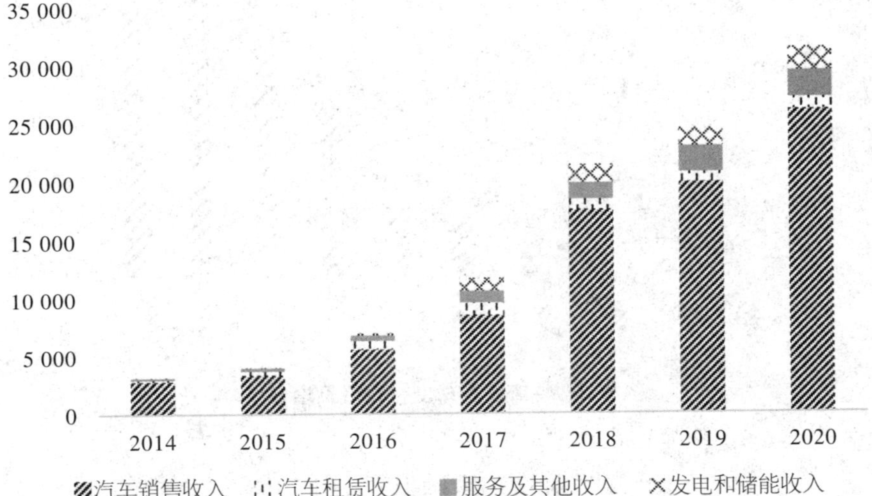

图5-2 特斯拉营业收入的构成（单位：百万美元）

注：特斯拉公司年报中2013年及以前年度收入分类方式与现有方式存在一定差异，因此未做列示。

资料来源 特斯拉公司年报；Wind数据库.

5.2.1 电动汽车业务

作为特斯拉的核心业务，电动汽车板块收入增长迅猛。电动汽车业务收入又可以细分为汽车销售收入、汽车租赁收入和服务及其他收入三部分。

（1）汽车销售收入

特斯拉的汽车销售收入主要来自Model S、Model X、Model 3、Model Y等车型销售。除此以外，也包括为车主提供充电服务、车联网服务、自动辅助驾驶功能选装带来的收入，以及出售汽车碳排放积分带来的收入。

根据财报数据，特斯拉汽车交付数量从2012年的2 650辆，增长至2020年的499 647辆，如图5-3所示。

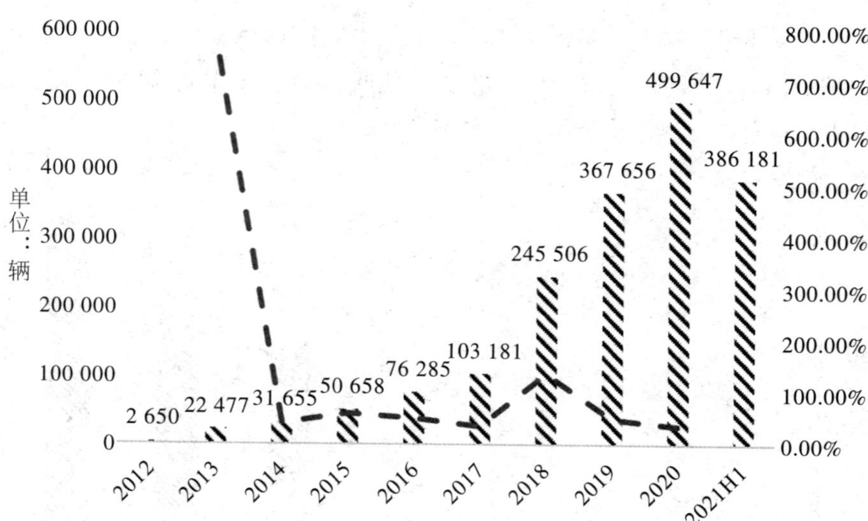

图 5-3 特斯拉全球交付数量及增长率

资料来源 特斯拉公司年报；Wind数据库.

汽车交付的增长直接推动了汽车销售收入的上涨。

2012—2014年，特斯拉迎来了汽车交付数量第一个高峰。2013年，Model S正式开始交付并大受欢迎。特斯拉团队在Model S上实践了全方位的革新，奠定了特斯拉产品的主流基调，包括全行业首次整合集成的17寸中控大屏交互系统、自动驾驶硬件、整车OTA和超级充电技术等。Model S的成功意味着特斯拉正式迈入豪华汽车制造商的行列。

如图5-4所示，2017—2019年，特斯拉迎来了汽车交付数量增速的第二个高峰。2016年4月1日，特斯拉发布Model 3。作为一款平价车型，Model 3这款产品依然实现了跨越式创新。2016年4月7日，Model 3开放预订一周，在全球范围内收到了32.5万张订单。特斯拉成功完成第二个关键的转折性产品。2017年7月Model 3正式开始交付，但产能一直提升缓慢。2018年，特斯拉走出“产能地狱”，汽车销售收入翻番。Model 3帮助特斯拉实现了从小众到大众的“出圈”，带来了销量的跨越式增长。2019年12月，国产特斯拉Model 3正式下线，并在2020年多个月份销量破万，显示出了Model 3极强的产品竞争力。

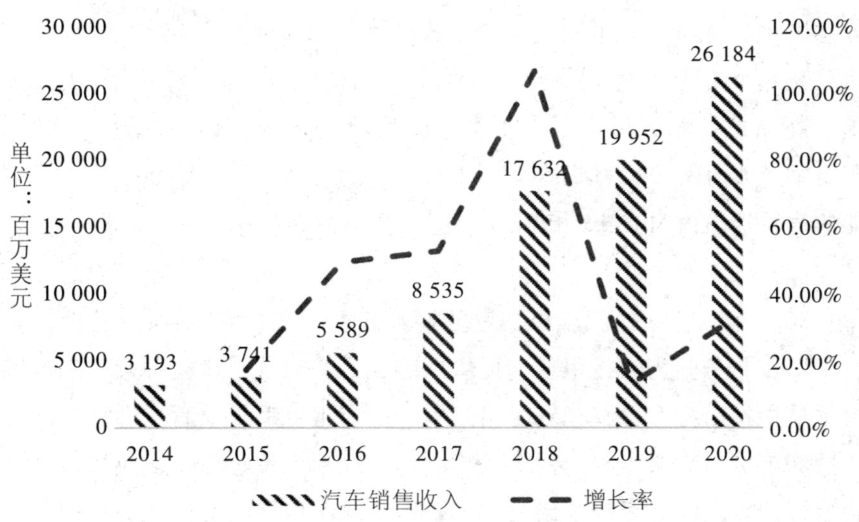

图5-4　2014—2020年特斯拉汽车销售收入及增长率

资料来源　特斯拉公司年报；Wind数据库.

在第一个十年计划的基础上，特斯拉相继推出了Model Y和Cybertruck。

2019年3月14日，高级纯电动SUV Model Y发布。Model Y在大部分设计上沿用并改进Model 3的设计方案，极大地降低了生产和制造的成本，并修正了Model 3在跨越式创新时期遗留的工程问题，成为特斯拉当时技术条件下最成熟的一款产品，对于帮助特斯拉实现盈利具有重要意义。2019年12月，Model Y正式在美国下线。2020年1月Model Y开始交付。

和之前的跨越式创新不同，Model Y更像是Model 3的“孪生兄弟”，二者使用了相同的电气化动力总成平台。相较于Model 3，Model Y在外观尺寸上更宽、更高，内部空间更加充裕，可以说Model Y就是SUV版本的Model 3。2021年1月，国产Model Y开始交付。Model Y的舒适性、充裕的内部空间和更好的配置吸引了不少国内年轻的“有娃一族”。

随着Model Y车型的量产交付以及国产化进展的加快，特斯拉汽车销售收入的增长再次提速。

2019年11月22日，Cybertruck纯电动皮卡发布。当时特斯拉的产品在美国的销售主要集中于西海岸加州等较发达地区，但中南美的大部分地区地广人稀，燃油皮卡车型占据了大量市场份额，典型车型福特F系列皮卡多年蝉联美国最畅销车型。面对美国本土这样大量的皮卡需求，特斯拉开始尝试进军本土皮卡产品领域。Cybertruck的车身材料、车身细节设计等方面都再次体现了特斯拉的可持续技术创新，其也很可能成为特斯拉继Model S和Model 3之后第三款转折性产品。

（2）汽车租赁收入

2020年，特斯拉汽车租赁业务收入占营业收入的3.34%。特斯拉的汽车租赁服务分为直接租赁和提供回购承诺的经营租赁两种方式。直接租赁是指特斯拉直接将车辆出租给客户，在租赁期结束后，客户可以选择按约定价格购买车辆。提供回购承诺的经营租赁是指特斯拉将车辆销售给客户，同时向客户承诺在未来一定期限内按一定价格回购车辆。特斯拉提供的出租业务可以看作是一种先体验后购买的“销售模式”。特斯拉年报中披露了自2014年起租赁业务收入规模。随着单车成本逐渐降低，汽车租赁业务的毛利率从2014年的34.07%提升至2020年的46.48%，如图5-5所示。

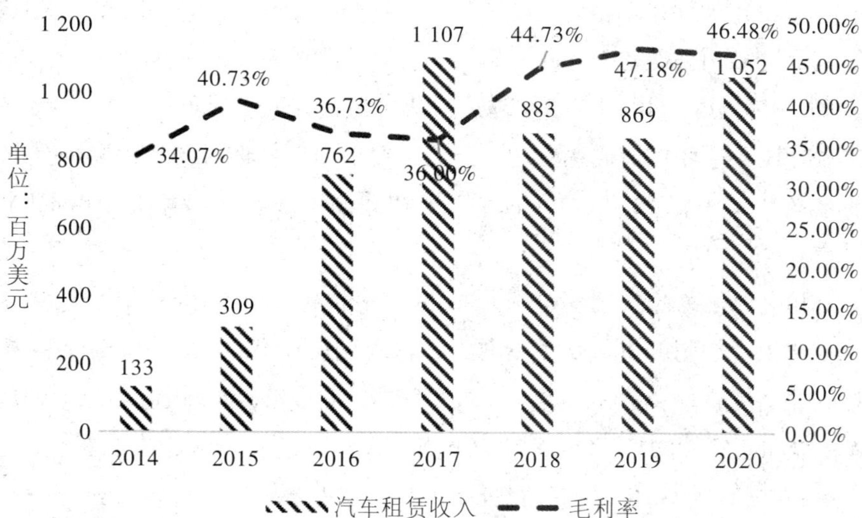

图5-5 2014—2020年特斯拉汽车租赁收入及毛利率

资料来源 特斯拉公司年报；Wind数据库.

（3）服务及其他收入

特斯拉向消费者提供一站式的售后服务，其中包括保养维修、官方保险、官方二手车交易等其他服务。

2014年以来，特斯拉的服务及其他收入实现了快速增长。销量的增加带来了售后服务需求的提升。2019年，特斯拉的服务及其他收入的增幅超过了60%。但服务中心的大规模扩张直接影响了该部分毛利，2016—2020年连续4年毛利率为负，如图5-6所示。

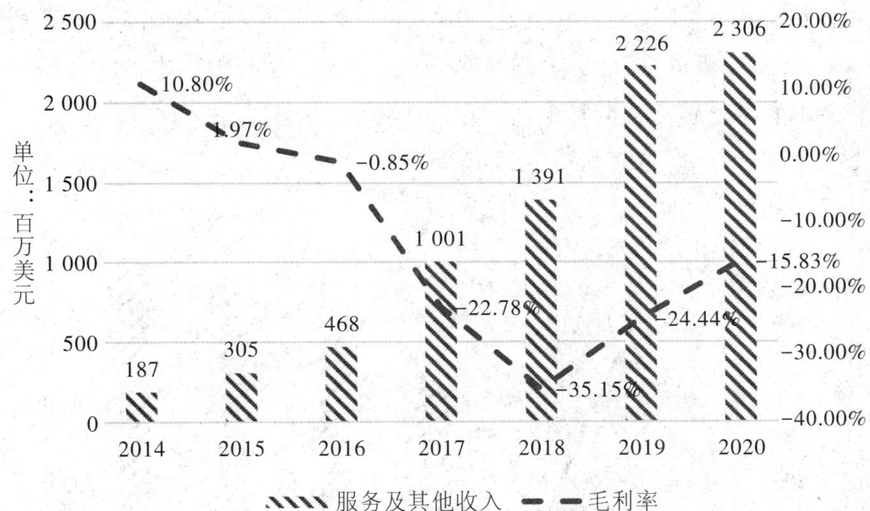

图5-6　2014—2020年特斯拉服务及其他收入和毛利率

资料来源　特斯拉公司年报；Wind数据库.

5.2.2　发电和储能产品业务

在储能产品方面，Powerwall、Powerpack和Megapack分别于2016、2017和2019年开始交付。Powerwall是一款功率为13.5kWh的可充电锂离子电池组，是内置逆变器[①]的家用储能设备，可用于家庭或者小型商业场所。Powerpack和Megapack是完全集成的能源存储解决方案，适用于商业、工业、公用事业和能源发电客户。特斯拉还在不断开发和提高储能设备的软件能力，控制和优化能源存储系统，希望能满足更广泛市场的需求，为社区提供清洁、有弹性和负担得起的电力。

在太阳能设备方面，特斯拉销售的太阳能系统包括太阳能电池板、逆变器、连接太阳能系统和电网的硬件以及监控设备等。2019年，特

① 逆变器的主要功能是将太阳能电池板所发的直流电转化成家电使用的交流电。

斯拉第三代太阳能屋顶（Solar Roof/Glass）开始销售，美观耐用的玻璃屋顶瓦可将太阳能转化为电能。为了向更广泛的客户和渠道合作伙伴销售改造后的太阳能系统，特斯拉同时提供租赁太阳能设备和购电协议（PPA协议）。

如图5-7所示，2014—2020年特斯拉发电和储能业务收入呈快速增长趋势，但毛利率水平不稳定。2020年，特斯拉发电和储能业务毛利率从12.41%下降至0.90%，主要原因是太阳能屋顶在整体发电和储能业务中的占比较高，而其毛利率在产能爬坡期间较低。

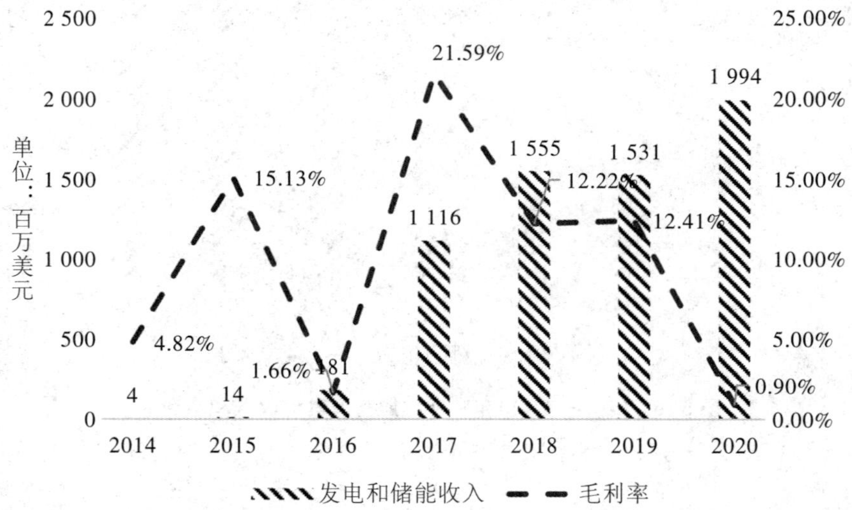

图5-7 2014—2020年特斯拉发电和储能收入及毛利率

资料来源 特斯拉公司年报；Wind数据库.

5.2.3 盈利分析

2020年是特斯拉历史上第一个盈利的财年。净利润由负转正，与毛利润水平的上升和费用管控密切相关，如图5-8所示。

（1）毛利率

2013—2019年，随着新产品的不断推出和销售规模的扩大，特斯拉整体毛利率水平不断下降。2020年，特斯拉毛利率水平呈现逆转式上升（如图5-9所示），主要是因为Model 3国产化进程加快，使得材料、制造、运输以及关税成本明显下降。此外，Model Y车型的毛利率

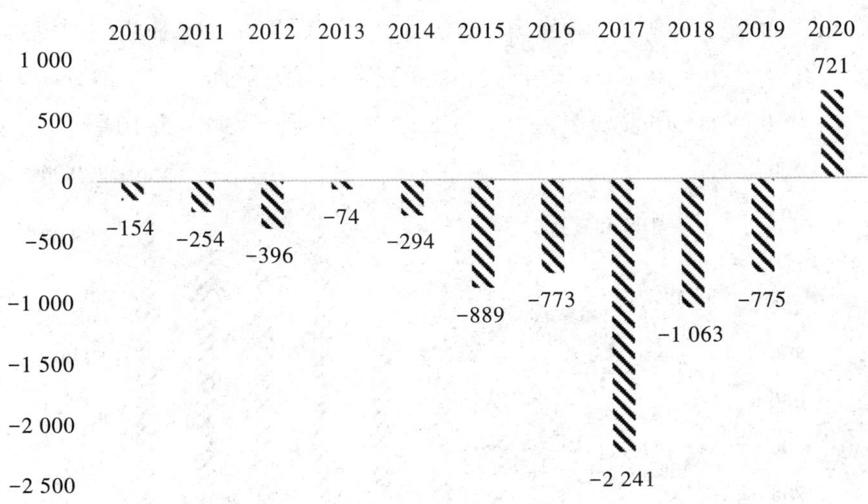

图5-8　2010—2020年特斯拉净利润（单位：百万美元）

资料来源　特斯拉公司年报；Wind数据库.

水平高于其他车型，其销量的上涨对整体毛利率的上升起到了积极作用。而且，2020年特斯拉出售汽车碳排放积分的收入较2019年有所增长，这也推动了毛利率水平的进一步提高。

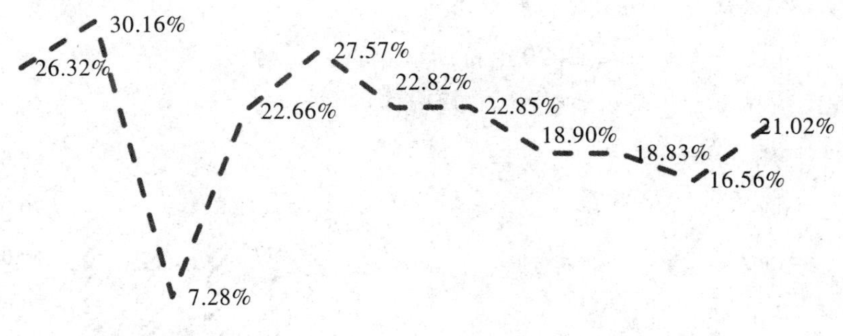

图5-9　2010—2020年特斯拉毛利率

资料来源　特斯拉公司年报；Wind数据库.

（2）*研发费用*

技术领先一直是特斯拉的核心竞争力之一。从成立至今，特斯拉保持着在研发领域的持续性投入，2011年的研发投入甚至超过了当期营业收入。而后，随着技术相对成熟，再加上营业收入的快速增长，研发费用率逐渐呈现平稳下降趋势。例如，Model Y和Model 3使用了同一研发平台，利用了Model 3研发过程中的技术积累，从而节省了部分研发成本。2020年，研发费用率为4.73%，创历史新低，如图5-10所示。

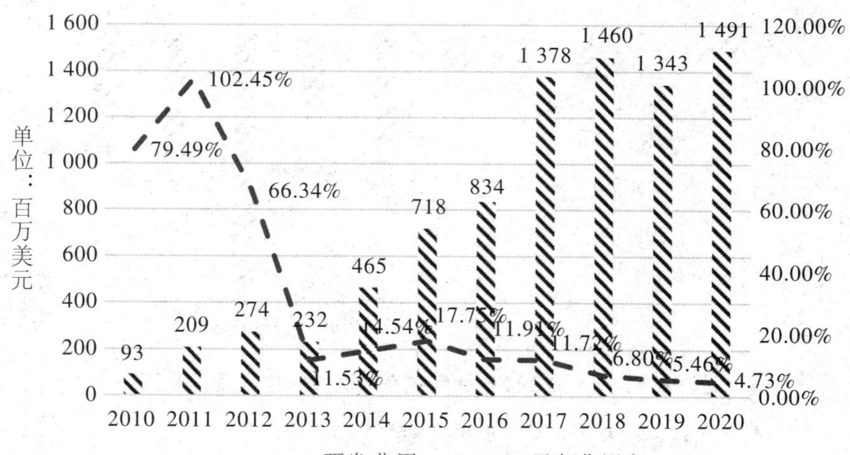

图5-10 2010—2020年特斯拉研发费用与研发费用率

资料来源 特斯拉公司年报；Wind数据库.

（3）销售、行政及一般费用

如图5-11所示，2020年特斯拉销售、行政及一般管理费用率创新低，预计这种趋势具有一定的可持续性。

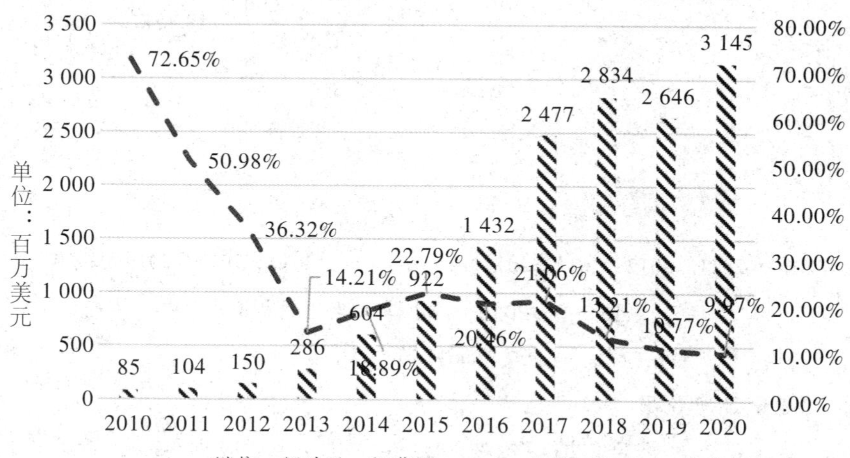

图5-11 2010—2020年销售、行政及一般费用

资料来源 特斯拉公司年报；Wind数据库.

一方面，控制费用、追求效率、实现自动化一直是特斯拉的管理理念之一。另一方面，特斯拉一直采用直营销售模式，消费者从网上下单即可直接购买，另外还包括7天无理由退车的条款（在不同国家和地区，根据特斯拉的营销需要，该政策可能会有所调整）。相比于美国和欧洲当前大部分车企的卖车模式，特斯拉所代表的购车模式更接近亚马逊等电商类的下单购买方式，对传统汽车的线下经销商模式产生了很大的冲击。除了购车流程的效率提升之外，还能够大大降低库存周期。

特斯拉在销售体系中创造性地引进了车主引荐等模式。目前，老车主每引荐一位新用户即可获得1 500千米的免费超充（在不同国家和地区，根据特斯拉的营销需要，该政策可能会有所调整）。通过熟人网络的点对点宣传，帮助特斯拉实现了短时间内销量的快速增长。

5.3 谁才是真正的未来

作为世界上最大的新能源汽车市场，我国以蔚来、理想和小鹏为代表的造车新势力势头迅猛。

2018—2020年，特斯拉与蔚来的营业收入对比如图5-12所示。

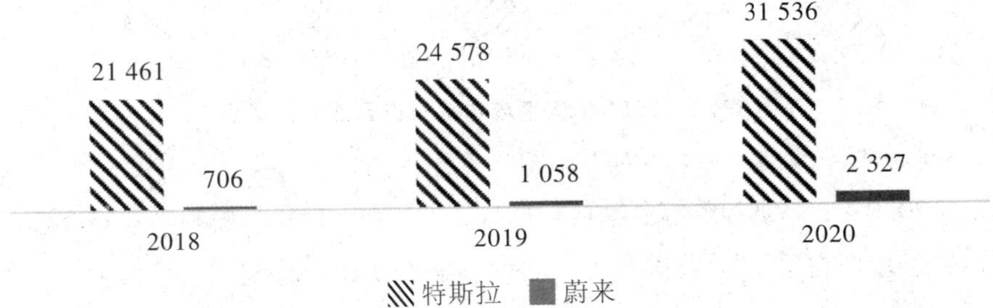

图5-12 2018—2020年特斯拉与蔚来营业收入对比（单位：百万美元）

资料来源 特斯拉与蔚来公司年报；Wind数据库.

2020年，蔚来汽车营业收入增速迅猛，但仍不足特斯拉的十分之一。

营业收入的差距与销量密切相关。2020年，蔚来汽车交付汽车43 728辆。同年，特斯拉主要车型交付总量合计499 647辆，是蔚来销量的11.4倍。

从成本费用占比来看，蔚来和特斯拉有很大差距，如图5-13和图

5-14所示。

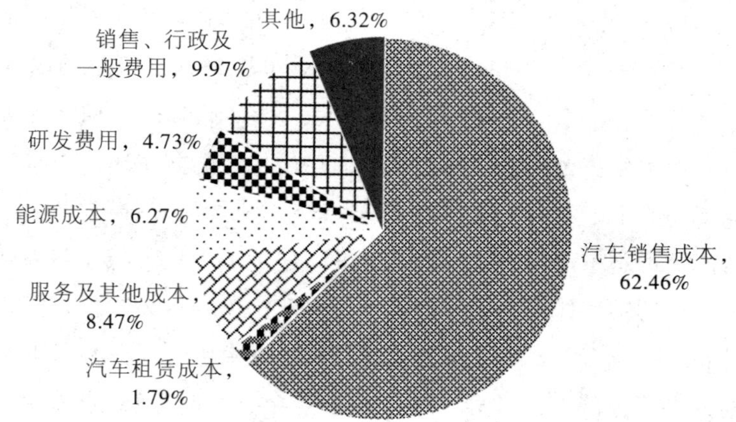

图5-13 2020年特斯拉成本费用占营业收入比例

资料来源 特斯拉年报；Wind数据库.

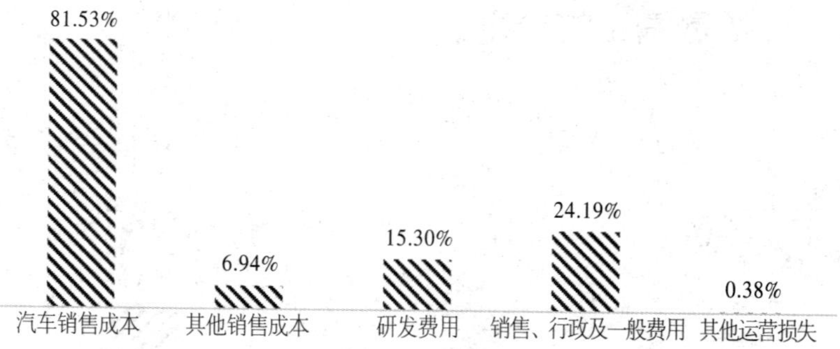

图5-14 2020年蔚来成本费用占营业收入比例

资料来源 蔚来年报；Wind数据库.

2020年，特斯拉的综合毛利率为21.02%，蔚来的综合毛利率为11.52%。其中，特斯拉的汽车销售业务毛利率显著高于蔚来，如图5-15所示。

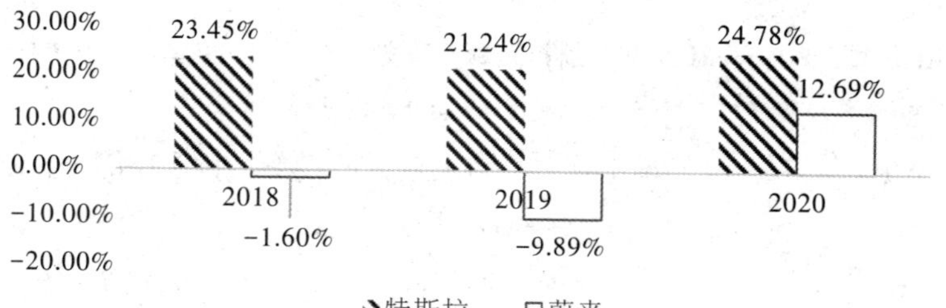

图5-15 2018—2020年特斯拉、蔚来汽车销售业务毛利率对比

资料来源 特斯拉、蔚来公司年报；Wind数据库.

由此，我们可以看出，特斯拉汽车销售业务毛利率要远远高于蔚来。随着产能的进一步优化，特斯拉的汽车销售业务毛利率基本保持在20%以上，这说明特斯拉产品本身在市场上更具竞争优势。

特斯拉产品可能已经改变了汽车产品本身的价值定义。汽车作为迭代百年的成熟产品，单初的产品革新已经不能引起用户更高的付费意愿，只有在价值定义上的转变，才有可能形成较高的溢价和用户认同感。

特斯拉的竞争优势主要体现在领先行业的自动驾驶技术、跨领域创新和模块化的制造能力等多个方面。

5.3.1 领先行业的自动驾驶技术

根据特斯拉AI高级总监Andrej Karpathy在2020年2月的演讲，特斯拉截至2020年3月10日已交付给消费者超过100万辆的电动汽车，其中超过90万辆为搭载Autopilot 2.0/3.0的车辆，这些车在路上行驶就形成了可以持续收集数据的车队。特斯拉车队已收集了超过30亿英里（约合48亿千米）的自动驾驶实测里程，已远远超过自动驾驶行业的领军企业Waymo的数据量（Waymo2016年从Alphabet中独立出来，截至2019年2月共收集2 000万英里（约合3 200万千米，为实测里程））。这使得特斯拉在算法的路线选择和成熟性上都有较大的领先优势。

车主在购买车辆时，可以在官网选择Autopilot和FSD（Full Self-Driving，全自动驾驶）。Autopilot可以根据车道内其他车辆和行人实施自动转向、加速和制动，而购买FSD后则可以在未来享受特斯拉提供的完全自动驾驶服务。目前FSD在Autopilot的基础上增加了自动泊车、召唤、红绿灯识别等功能，距离实现完全自动驾驶还有很远的距离。

5.3.2 深入供应链，实现跨领域创新

作为整车制造厂商，从Model S到Cybertruck，特斯拉极其关注关键零部件的创新。为此，特斯拉实施了跨领域的人才吸收战略。

动力电池关系到续航里程，更关系到车辆安全。为了保持自身在电池技术上的领先优势，特斯拉招募电化学专家与松下共同建设电池工厂，这是全球首家车企参与建设的电池工厂。每年，特斯拉会单独召开"电池日"，作为一个单独的技术发布会展示自己的电化学技术进展。根据《特斯拉影响力报告2019》，特斯拉电池组寿命的设计已经超过了车辆使用年限。100多万辆特斯拉汽车的行驶数据表明，里程在15万英里（约合24万千米）到20万英里（约合32万千米）之间的车辆，其电池平均衰减程度不到15%。

前AMD、英特尔工程师Jim Keller加入特斯拉后主持设计专门用于自动驾驶设计的芯片HW3.0。这款芯片为14nm制程，72TOPS算力，适合神经网络算法。该芯片完全由特斯拉自主设计，由三星代工，在算力和效率方面业内领先。

热管理核心零部件Superbottle的专利第一作者是特斯拉的热管理系统高级主任工程师Nick Mancini。Superbottle集成了空调液和冷却液等多个热管理子系统，对比传统汽车上多个热管理回路，提高了整体的工作效率。

"自己动手，丰衣足食"。特斯拉加强在关键零部件上的创新，打破供应链僵化的局面，子系统级别的技术领先提供的贡献逐步叠加，最终形成了整车产品的跨越式创新。

5.3.3 模块化的超级制造力

20世纪初，福特汽车公司创造了流水线生产方式，加速汽车的制造流程，完成汽车从手工奢侈品向量产商品的转变。20世纪80年代，丰田逐步形成了精益生产方式，以彻底杜绝浪费为核心，充分发挥人的能力，提高劳动价值，有效提高单个产品的毛利率。而特斯拉所引导的生产领域的变革，是从产品到产线到工厂的全生产链条上的设计变革，形成了模块化、高效可复制的超级工厂模式，可快速提高产能。

在选址上，特斯拉充分利用当地政府及金融机构的优惠政策和所在地本土供应链，形成比较优势，降低制造成本。特斯拉工厂的业务分布见表5-1。

表5-1 **特斯拉工厂的业务分布**

工厂名称	业务
California Fremont汽车制造工厂	生产电池和电动汽车
Nevada Spark Gigafactory 1超级工厂	生产动力电池和储能电池
Netherland Tilburg组装工厂	组装电动汽车
New York Buffalo Gigafactory 2超级工厂	生产储能电池和储能产品
上海 Gigafactory 3超级工厂	生产电动汽车
Berlin Gigafactory 4超级工厂	生产动力电池和电动汽车
Texas Austin Gigafactory 5 超级工厂	生产电动汽车

特斯拉下一代工厂的雏形是在2020年第一季度财报会议上提及的Terafactory，预计产能将会是Gigafactory 1的30倍，可以完全解决特斯拉后续车型的电池产能不足的问题。

传统车企新工厂建厂和投产过程中，包括土地平整→地基搭建→钢结构吊装→主体建设→设备进场→生产线调试→产能爬坡等多个环节，特斯拉的工厂建设理念使得设备进场、生产线调试和产能爬坡等环节的效率都有显著提升。例如，2019年1月，Berlin Gigafactory 4的总装线运抵美国加州并正式投产，生产线模块化拆分打包空运，在制造业历史上尚属首次。2019年1月，上海 Gigafactory 3开始动工，2019年12月第一辆国产版Model 3下线。生产线的快速复制能力对生产线调试和产能爬坡两个阶段的快速推进起到了很大的作用。

截至2021年上半年，California Fremont汽车制造工厂产能稳定，可年产10万辆Model S/X和50万辆Model 3/Y。Nevada Spark Gigafactory 1计划电池产能100GWh，建设进度30%，近几年来还没有继续建设计划，特斯拉将更多精力放在提升生产线效率上。上海 Gigafactory 3已经克服初期供应链挑战，目前可以年产超过45万辆Model 3/Y。Berlin Gigafactory 4还处于建设阶段，正在安装设备和测试模具，未来将投产Model Y等车型。Texas Ausin Gigafactory 5主体正在研发和建设阶段，除生产电池外，未来还将生产Model Y和Cybertruck车型。

5.4 昙花一现还是改写历史

尽管从股价上看，特斯拉早就跻身汽车行业巨头之列，但从销量和盈利上看，特斯拉还有很长的路要走。要想成为真正的巨头，特斯拉还要面临行业规模、市场份额、高毛利的可持续性等多重考验。

5.4.1 行业规模

作为全球最大的汽车销售市场，从2018年起中国国内汽车销量开始下滑，如图5-16所示。2018—2020年，汽车销量从2 371万辆下降至2 017.8万辆。《新能源汽车产业发展规划（2021—2035年）》中提出，到2025年，我国新能源汽车市场竞争力明显增强，动力电池、驱动电机、车用操作系统等关键技术取得重大突破，安全水平全面提升。新能源汽车新车销售量达到汽车新车销售总量的20%左右，高度自动驾驶汽车实现限定区域和特定场景商业化应用，充换电服务便利性显著提高。结合目前国内汽车市场的需求情况，以汽车新车销售总量2 000万辆为基数，2025年新能源汽车新车销量约为400万辆，年均复合增长率需达28%以上。

国际能源署（IEA）的发布的《全球电动汽车展望2021年报告》中提到，2020年全球新登记注册的电动汽车数量约为300万辆。IEA预测，到2030年，全球电动汽车销量将超过2 500万辆，即未来10年电动汽车销售增长率将不低于23%。

5.4.2 市场份额

Model 3和Model Y是特斯拉在中国区销售的主要车型。上海Gigafactory 3 2020年3月份产能爬坡完成，国产Model 3开始大批量交付用户，除4月份受频繁调价影响销量仅4 153辆（上险数）外，3月和5月合计销售27 381辆（上险数），进入国内B级车[①]销量排行前十行列。

① 我国市场主要参照德国分类标准，A级车一般指小型轿车，B级车是中型轿车，C级车为高档轿车，D级车指的是豪华轿车。

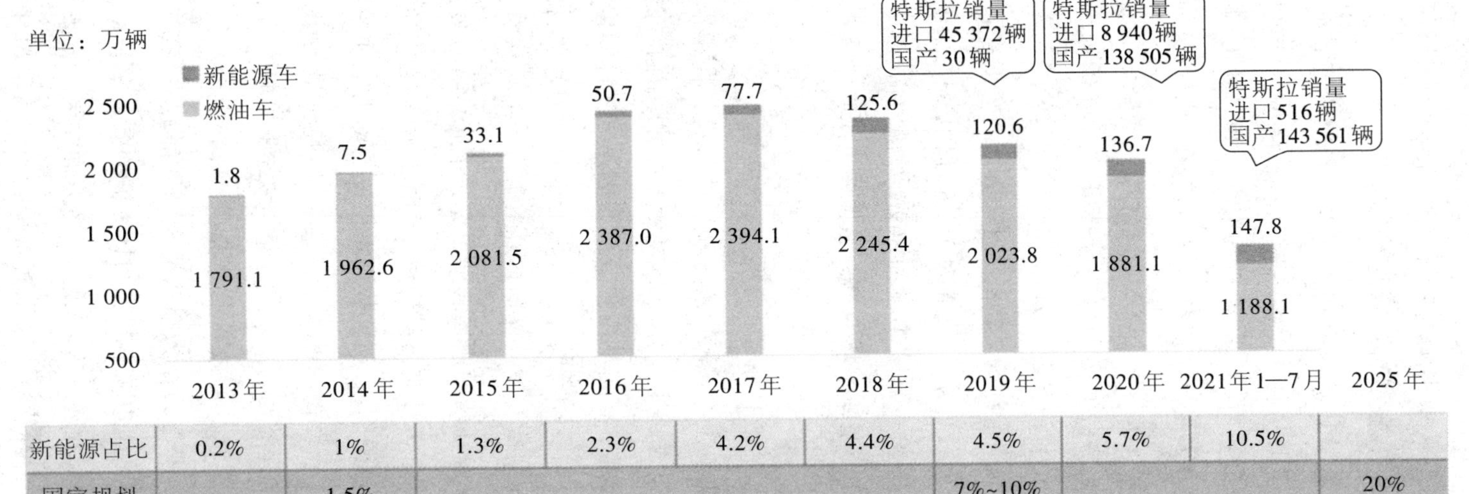

图5-16 中国国内汽车销量趋势图

注：销量数据来源于中汽协公开数据；新能源车包括纯电动汽车、插电式混合动力汽车和增程式电动汽车；规划数据来源于《节能与新能源汽车产业发展规划（2012—2020年）》《新能源汽车产业发展规划（2021—2035年）》征求意见稿和正式稿。

2020年下半年推出的磷酸铁锂版本低配车型和国产化四驱高配车型，带来了新的降价空间，可进一步促进销量增长。

中国汽车市场受新冠肺炎疫情和芯片短缺影响预计会有一定的下滑，2020年中国纯电动车型销量为92万辆（上险数），特斯拉在中国销量为13.8万辆（上险数），市场占有率约为15%。2021年1—8月，中国纯电动车型销量为117.1万辆（上险数），特斯拉在中国销量为14.3万辆（上险数），市场占有率约为12%。

根据中国汽车工业协会发布的2021上半年全球新能源汽车销量数据，特斯拉2021年1—6月销量占比为15.16%。

2020年全球汽车年销量约为7 798万辆。从集团角度来看，全球销量最多的集团——丰田汽车集团销量为952.8万辆，占比约为12.2%。从品牌角度来看，丰田单一品牌销量为869.2万辆，占比约为11.1%。由此可见，汽车行业并非垄断市场，单一品牌或集团年销量占比最高仅10%左右。

特斯拉的竞争对手主要来自三个方面：

第一是细分领域初创企业。来自细分领域的、有长期积累的初创企业可能会借助新技术完成超车，如国外的Waymo、国内的部分自动驾驶初创企业进入造车领域。在自动驾驶领域，应用更先进的传感器（如激光雷达）可以收集到对自动驾驶更有帮助的信息，但目前受限于成本和马斯克个人意志，特斯拉并未选择使用。

第二是新能源车企。在能源领域转型更激进的企业或者发展更快的主流市场培养的初创车企，可能会对特斯拉的部分产品造成冲击，如燃料电池卡车。电动汽车受限于必须装载一定重量的动力电池系统，参考美国能源部（DOE）和麦肯锡的测算，同样为40吨重量的卡车，不同的驱动系统本身的重量有很大的区别，柴油为7.5吨，电池为10吨，氢燃料为7吨。由此可见，从能源效率本身来看，燃料电池更适合大型能量存储车型的需求。中国市场作为全球最大的新能源市场，从2018年至今，已经培育出蔚来、理想和小鹏等初具规模的创新车企。从政策大力支持、市场积极转型、互联网人才涌入等多方面原因综合来看，中国新培育出的初创车企在全球市场上将很有希望复制成功。2021年10月1

日，蔚来在挪威的首家体验店开门营业，并且开始在挪威交付ES8，蔚来APP海外版也同步上线。可见在未来的几年内，中国车企将逐步在全球电动车市场上崭露头角。

第三是传统车企。随着特斯拉产品线的扩张和传统车企的转型应变，传统车企已有的销售网络会给特斯拉带来市场份额增长的挑战。特斯拉最初进入中国是以豪华品牌和科技极客的品牌风格著称，从而积累了一定数量的核心粉丝，这部分人群也是高资产净值的中高端客户，对特斯拉的品牌扩展有极大的帮助。但是这部分人群相比中低端的大量消费人群来说，人数偏少。后续随着特斯拉对于中低端车型的推广，在中低端人群的品牌营销上，特斯拉还需要更多的投入来应对传统车企的经销商体系，毕竟触及主流用户时，传统车企会拥有更深更广的销售网络。

随着新能源汽车市场不断成熟，未来依旧会呈现激烈竞争的局面。考虑到汽车行业的竞争格局，我们预计未来10年特斯拉的市场占有率很难有较大提升。

5.4.3 高毛利的可持续性

特斯拉能否维持较高的毛利水平？

这一方面与特斯拉的产品路线相关，特斯拉实行从高端豪华车型到普通大众车型的产品路线。从Model S到Model X再到Model 3，特斯拉产品定价一路走低。平价产品能否维持较高的毛利水平依然是一个问号。

另一方面，特斯拉推行硬件降价、软件订阅的策略。车辆销售价格下调使得特斯拉触及了更广泛的用户。以国产Model 3标准续航升级版为例，2019年6月1日至2020年10月1日，产品价格从32.80万元降至24.99万元，降价幅度达到23.8%。特斯拉的软件服务价格却不断上调，特斯拉FSD的选装价格从起初的5 000美元经历三次提价之后达到8 000美元。特斯拉在部分地区推出自动驾驶软件的订阅付费模式，用户可以按月购买FSD功能，每月售价不低于100美元。

考虑到特斯拉国产化进一步降低了成本，且软件价格有进一步上涨趋势，结合2020年汽车销售业务毛利率上升的趋势，我们对特斯拉的毛利水平持乐观态度。

5.5 剩余收益模型估值

和其他公司不同，特斯拉正处初步盈利的关键节点，未来10年将是特斯拉快速增长的阶段。在估值建模中，我们将其划分为两个阶段。结合5.4部分的分析，我们提出以下假设：2024—2030年，参考国内新能源汽车销量增长率不低于28%和全球电动汽车销量增长率不低于23%的预测，在特斯拉的市场占有率保持稳定和毛利水平乐观向好的条件下，设定特斯拉EPS的年平均复合增长率为30%；2030年以后，特斯拉销量达到行业巨头规模，增速放缓，我们假设其剩余收益的永续增长率为1%。

接下来详细分析估值过程。

第一步，β系数取以标普500为标的指数，2011年1月1日至2020年12月31日为时间范围的Wind数据库中调整后的值：1.2056。其他参数与前述章节保持一致。最终计算得到权益资本成本为9.21%。

第二步，获取每股盈余（EPS）的预测数据（见表5-2）。2020年EPS来自年报。2021—2023年，EPS的预测数据取自Wind数据库，进行一致性预测。2024—2031年的EPS则以2023年为基准，按年复合增长率30%计算。

第三步，根据EPS预测值，我们推算预测期内的每股净资产BPS。由于特斯拉从上市至今从未分红，我们假设2021—2031年特斯拉分红持续为0，因此，每股净资产等于上年的每股净资产加上每股收益。

第四步，通过每股收益除以每股净资产可以得到普通股股东权益收益率（Return on Common Equity，ROCE）。

第五步，剩余收益等于每股净资产乘以每股收益超出必要报酬率的部分。计算2021—2023年的剩余收益（RE），并将未来的剩余收益用折现因子折现。

第六步，计算2031年之后持续期剩余收益在2031年的价值，并折现至2020年末。假设从2031年起，特斯拉的增长率为1%，得到持续价值为402.21美元/股。

表5-2　剩余收益估值模型　金额单位：美元

指标 \ 年份	2020	2021E	2022E	2023E	2024E	2025E	2026E	2027E	2028E	2029E	2030E	2031E
EPS	0.64	4.39	8.23	13.80	17.94	23.32	30.32	39.41	51.24	66.61	86.59	112.57
DPS	0.00	0.00	0.00	0.00	0.00	0.00	0.00	0.00	0.00	0.00	0.00	0.00
BPS	23.15	27.54	35.77	49.57	67.51	90.83	121.15	160.56	211.80	278.41	365.01	477.58
ROCE		0.19	0.30	0.39	0.36	0.35	0.33	0.33	0.32	0.31	0.31	0.31
RE		2.26	5.69	10.50	13.37	17.10	21.95	28.25	36.45	47.10	60.94	78.94
折现因子		1.09	1.19	1.30	1.30	1.42	1.55	1.70	1.85	2.21	2.21	2.41
RE现值		2.07	4.77	8.06	10.27	12.02	14.13	16.65	19.67	21.31	27.57	32.70
RE总现值	169.22											
持续价值												970.89
持续价值现值	402.21											
公司估值	594.58											

第七步，将2020年的BPS、2021—2031年剩余收益现值、2031年以后的持续剩余收益的现值加总得到594.58美元/股。将该价值乘以资本化率，得到2021年8月31日，特斯拉股价估值631.10美元/股。

2021年8月31日，特斯拉收盘价为735.72美元/股，股价存在高估。

5.6 马斯克其人

作为特斯拉的缔造者，马斯克是特斯拉的灵魂人物。他敏锐的商业洞察力、对目标的极致投入和强烈的进取精神是这家公司起死回生、颠覆行业的关键，而他激进的管理风格、对规则的漠视也多次将特斯拉推向风口浪尖，造成了股价的剧烈波动。

埃隆·马斯克本科毕业于宾夕法尼亚大学，获经济学和物理学双学位。在进入斯坦福大学攻读博士的第二天，他辍学开始了连续创业之路。1995年，马斯克创立Zip2——一家点评网站。1999年，Zip2以3.07亿美元的价格被收购，马斯克本人从中获得了2 200万美元的收益。紧接着，马斯克将这笔钱的大部分投入了下一家创业公司——电子支付网站PayPal的前身。2002年，马斯克出售了PayPal的股权，套现1.8亿美元。接下来，马斯克向航空航天、汽车和太阳能产业进军，分别向Space X投资1亿美元，向SolarCity投资3 000万美元，向特斯拉投资7 000万美元。

5.6.1 对“第一性原理”的信奉

马斯克认为一般人在生活中更倾向于使用“类比”“类推”的思考方式，这样只能实现细小迭代式发展，在固有路径中实现有限创新。马斯克推崇以“第一性原理”的方式去思考问题，从物理角度看待世界，抛却现有的框架，从事物的本质和原点出发寻找答案。这种对极致创新的推崇成为特斯拉生存和发展的根基。

自动驾驶技术是特斯拉的核心竞争力之一。自动驾驶传感器主要包括车载摄像头等视觉系传感器及车载毫米波雷达、车载激光雷达和车载超声波雷达等雷达系传感器。其中，激光雷达因其超高的分辨率、精度和强抗干扰能力几乎被公认为其中的“C位”担当。主流的自动驾驶厂商，如谷歌Waymo、通用Cruise，再到国内的百度Apollo、Pony.ai、文远知行等都是激光雷达的拥护者。

然而马斯克近乎固执地认为，既然人可以通过眼睛观察周围环境，实现驾驶操控，那么依靠视觉计算技术就可以低成本、高效率地实现完全自动驾驶。这种以“第一性原理”为主导的思考模式认为成本高昂的激光雷达是不必要的。

2014年10月，初代Autopilot（AP1.0）正式发布。最初它仅是“科技选装包（Tech Package）”中的一个功能。Mobileye（后来被英特尔收购）和特斯拉联合开发了ADAS[①]，并沿用至2016年。2016年，一场Autopilot安全事故成为特斯拉与Mobileye分道扬镳的导火索，自动驾驶解决方案Hardware 2.0（HW2.0）的发布标志着自研之旅正式开启。基于HW2.0，特斯拉推出了Enhanced Autopilot（增强自动辅助驾驶，EAP）和FSD选装包，特斯拉自动驾驶技术进入Autopilot 2.0时代。

相较于初代硬件，HW2.0的变化是极大的。首先计算平台由Mobileye EyeQ 3变成了英伟达Drive PX 2 Autocruise，后者算力是前者的40倍。此外，HW2.0的传感器阵容也迎来了大升级，摄像头数量从1个升级为6个。特斯拉发力视觉计算技术，另辟蹊径，从头开始，这使得Autopilot 2.0相较于Autopliot 1.0在某些功能和体验上出现了一定幅度的倒退。随着不断收集用户数据和迭代算法，Autopilot 2.0功能和体验持续改善。为了加速向全自动驾驶技术迈进，特斯拉开始研发自动驾驶芯片。2018年末，特斯拉推出了新一代自动驾驶硬件Hardware 3.0（HW 3.0，即第三代自动驾驶硬件系统），图像处理能力从每秒处理110张提升至2 300张。目前搭载HW 3.0的车辆可以实现自动泊车[②]、自动辅助变道[③]、自动辅助导航驾驶[④]、智能召唤[⑤]、识别交通信号灯和停车标志并做出反应等。2021年7月，特斯拉向部分早期用户推送了FSD Beta 9

① ADAS是Advanced Driving Assistance System的缩写，意为高级驾驶辅助系统。
② 自动泊车：包括平行泊车与垂直泊车等车辆自动驾驶完成泊车行为。
③ 自动辅助变道：在高速公路上自动辅助变换车道。
④ 自动辅助导航驾驶：自动驶入和驶出高速公路匝道或立交桥岔路口，超过行驶缓慢的车辆。
⑤ 智能召唤：在合适的场景下，停在车位的车辆会响应车主的召唤，驶出车位并前往车主所在的位置。

版本软件，马斯克确认在经过2~3个版本的迭代后，FSD Beta将进行全美大规模推送。这意味着特斯拉的FSD全自动驾驶技术即将迎来突破性进展。

以摄像头作为主要传感器，押注视觉处理技术，自主研发车载自动驾驶芯片和人工智能训练芯片，这样几乎与全行业“唱反调”的勇气帮助特斯拉实现了技术上的领跑和商业上的成功。低端车型可接受的价格让更广泛的消费者能够享受到自动驾驶技术带来的便利，广泛的用户也会为软件进一步迭代提供海量的数据。因此，可以说特斯拉是离实现完全自动驾驶技术最近的车企。

如果说，自动驾驶技术是马斯克贯彻“第一性原理”的成功案例，那么自动雨刷则带来了不大不小的麻烦和尴尬。

不少传统车型都配备了自动雨刷的功能。车辆前挡风玻璃上的雨量感应器通过感应红外线来判断雨量大小，从而控制刮水器间歇、低速、高速运转。马斯克认为雨量感应器不符合产品“第一性原理”。类比人眼可以观察雨量的大小，特斯拉希望通过“车辆前摄像头+AI算法”实现自动雨刷功能，为此特地推出了Deep Rain深度学习算法，然而经过几次迭代效果依然不佳。有用户吐槽晴天开车经过林荫道时，斑驳的光影可能被识别为雨点，雨刷常常因为误识别自动启动。

可以说，马斯克本人对“第一性原理”的执念是特斯拉产品跨越式创新和渐进优化的基因。

5.6.2 最大不稳定因素

一直以来，埃隆·马斯克都是特斯拉股价的最大不稳定因素之一。

作为社交网络红人，埃隆·马斯克在Twitter上的粉丝超过3 600万。从某种程度上讲，马斯克的Twitter是特斯拉最好的广告营销之处和最大的流量来源。马斯克常常迫不及待地在社交媒体上分享公司经营管理、生产进度、产品规划等方面的消息，与粉丝积极互动。这些消息不可避免地造成了特斯拉股价的波动。2018年8—9月，马斯克连续在Twitter上发布特斯拉将以每股420美元的价格私有化的消息，使股票价格剧烈波动，随后，又发表公开信称在考虑了所有因素后，他认为不再进行私有化交易是更好的决定。这一系列行为引起了SEC的关注。宣布放弃私有化的第二天，SEC就向特斯拉发出了问询函。SEC认为马斯克发布了虚假误导信息，构成证券欺诈，向马斯克提起诉讼。虽然最终SEC与特斯拉达成了和解，但是仍然给公司造成了不必要的损失：①特斯拉和马斯克各缴纳2 000万美元罚金；②新任命两名独立董事，并成立独立董事委员会；③马斯克于45天内辞去董事长一职，并在三年内不得再担任董事长。“私有化”风波之后，马斯克的Twitter“安静”了一段时间。2020年5月1日，马斯克在Twitter上发文称“特斯拉股价太高了”，股价应声下跌11%，市值蒸发140亿美元。

5.7　案例小结

从诞生之日起，特斯拉就是一家饱受争议的公司。在多空双方的拉扯中，特斯拉先后走过现金枯竭、财务危机、产能地狱、高层动荡等诸多深坑，成为新能源汽车乃至汽车行业的龙头。时至今日，特斯拉依然面临很多质疑的声音。比如，公司实际控制人、CEO埃隆·马斯克依然是公司最大的不稳定因素之一，保持静默是投资者对他最大的期待之一。再比如，连续降价消磨了老用户对特斯拉的品牌忠诚度，“等等党”（对暂时不买，一直在等待特斯拉车型降价的用户的戏称）总是迎来胜利。还比如，产品品控与丰田、大众等老牌车企相比较差，方向盘异响、缝隙不齐、玻璃漏水等问题屡遭吐槽和投诉，自动驾驶技术未来发展存在不确定性等。这些问题随着特斯拉用户从核心粉丝向大众人群的拓展会暴露得更加充分，是特斯拉飞速发展过程中的隐患。

结合估值分析，特斯拉的股价处于高估水平。2021年，新冠肺炎疫情、芯片短缺、德国工厂建设缓慢等因素必然会影响特斯拉的盈利状况，也会影响德国工厂进度以及Model Y的量产。黑天鹅事件的出现可能使得特斯拉的股票重回估值水平。

但是特斯拉给汽车行业带来的改变同样是不可逆的。自动驾驶技术的发展激化了汽车企业之间的竞争。车联网成为车辆的标配，不管是油车、混动车还是电动汽车。工厂的高度自动化、模块化生产成为工厂建设的风向标。产品加速迭代能力带来了极强的鲶鱼效应，打破行业“挤牙膏”式的创新僵局。不可否认，汽车行业的新时代已经悄然拉开了帷幕。

如果特斯拉做不到，还有谁可以做到？即便特斯拉不能做到，总会有人可以做到。

未来已来。

第6章　奈飞：凭借互联网异军突起的影视娱乐公司

6.1　从线下到线上，从实体到虚拟

6.1.1　从线下DVD租赁到线上DVD租赁

1997年，奈飞（Netflix）成立于硅谷，经营线上DVD租赁及出售业务。在奈飞成立之初，DVD租赁的行业标杆是百视达（Blockbuster）。作为传统的线下租赁公司，百视达的商业布局类似于今天的便利店，以超过9 000家门店的规模覆盖了70%美国居民的10分钟车程生活圈。为了让客户有足够的选择范围以及保证DVD碟片的流转效率，百视达设定了租赁到期日及高昂的过期滞纳金，同时，线下租赁也带来了店面、人力、DVD的巨额成本，使得DVD的租金并不便宜。上述这些因素严重影响了用户体验。

奈飞在成立之初，便乘着互联网时代的东风，以用户需求为导向，

建立了与百视达完全不同的商业模式。奈飞的用户以包月付费模式，通过奈飞的网上搜索平台找到想要下单的DVD，奈飞在收到订单后，会将DVD直接寄到用户指定的地址，用户看完DVD之后只需要把DVD放回信封内寄回即可。上述流程犹如今日淘宝的买货与退货，既有包邮又有运费险，整个过程简单方便。同时，奈飞完全取消了租赁到期日和过期滞纳金制度，也几乎没有限制每月的租片次数，只要求用户在借新片前归还旧片。

更重要的是，奈飞建立起了一套DVD租赁清单推荐系统，这套20年前诞生的"算法推荐系统"，有着如同今天抖音的内容算法推荐逻辑。可以说，奈飞在出生时就具有了当今"流量为王"的基因，互联网公司的基因也为奈飞在流媒体时代的快速发展奠定了基础。推荐系统在分析会员的基本个人信息、观后评价和以前的租赁清单后，会让许多冷门电影进入到用户个性化的候租榜单中，这既有利于提高用户体验，又尽可能地降低了热门电影的高购买成本，提高了公司的盈利能力。为了更高效地推荐电影，奈飞在2006年便设立了百万美元大奖，以奖励能够继续优化推荐系统的人。

奈飞初创时间轴如图6-1所示。

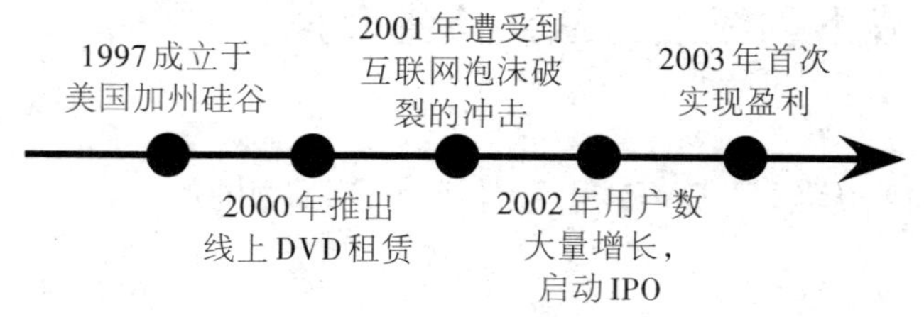

图6-1 奈飞初创时间轴

如同电商相对于实体店的绝对优势，奈飞在开始运营的第一年便获得了23.9万名用户，2002—2007年的年复合增长率接近55%，营业收入的年复合增长率也在50%左右，净利润的年复合增长率更是高达80%。虽然奈飞全新的商业模式在成功高效地运转，但在互联网时代，DVD租赁行业似乎已是日薄西山，很难得到华尔街的青睐。另外，百视达与沃尔玛也迎头赶上，建立了自己的在线租赁系统，对奈飞产生了一定的冲击。那么，奈飞是如何在流媒体时代实现自我革命的呢？

6.1.2 从实体DVD租赁到虚拟数据发送

早在互联网泡沫化的2000年，奈飞就曾尝试通过互联网发送电影，但因当时互联网技术的限制，下载一部普通的电影需要16小时和10美元的带宽费，奈飞在尝试后选择了放弃。真正推动奈飞走向转型之路的机遇是流媒体技术（流媒体即在线视频观看，意指影音数据包像流水一样在网络上即时传输）的成熟，成熟的流媒体技术加速了流媒体时代的到来，而流媒体时代的领头羊则是2005年成立的YouTube。

与传统电视的“线性排播”模式不同，YouTube允许用户根据自己的喜好即时点播，加之传统电视存在固定成本高、用户付费水平高的劣势，YouTube迅速在用户中流行起来。奈飞在看到YouTube的成功后，也注意到了宽带与即时点播技术的飞速发展，认为在线即时观看高清电影将在不远的未来成为可能，因此，奈飞决定采用流媒体技术，从DVD租赁商向流媒体服务商转型。

在敲定转型方向后，奈飞考虑过三种流媒体服务商的商业模式，分别是用户免费广告收费模式（YouTube）、按点播视频数量向用户收费（苹果、亚马逊）和会员制（奈飞）。奈飞在考虑了自身已有的DVD租赁会员包月付费制后，为了达到引流用户的目的，最终决定在不增加现有会员费用的基础上，将流媒体服务作为在线DVD租赁服务的一部分附赠给用户使用。2008年，奈飞向用户推出了全新的流媒体服务，通过购买版权价格较低的老电影和电视节目，在算法推荐系统的加持下，将会员不知不觉地引向他们未曾发现但又喜欢的老电影和电视节目上。客观上，用户每月的观影时间是有限的，奈飞不仅提高了单位时间内用户的观影体验，又进一步地降低了单位时间内奈飞的版权成本。奈飞的策略成功了，在2009年至2011年间，奈飞原有的在线DVD租赁业务仍保持每年约30%的增长，流媒体业务也获得了长足的发展，平均每天最少观看15分钟的会员比重由2009年年中的37%增长至2010年年中的61%。

奈飞流媒体业务时间轴如图6-2所示。

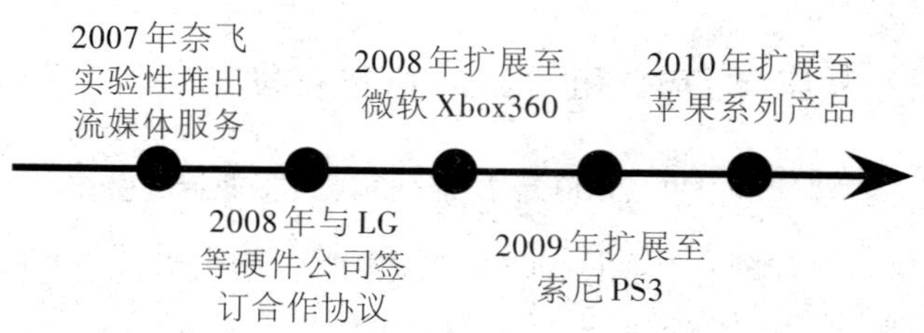

图6-2 奈飞流媒体业务时间轴

奈飞不仅在自己的网站上为会员提供流媒体服务，还积极构建渠道优势，努力在最短的时间内形成市场垄断，培养用户的消费习惯。奈飞通过与众多硬件厂商合作，将流媒体服务嵌入到游戏主机、机顶盒、手机、笔记本电脑等硬件中，使有屏幕的地方就有奈飞的流媒体服务，迅速地占领了市场。

奈飞的商业模式与算法推荐系统优势，使得奈飞在价格战中占有优势成为可能。2000年，美国一个多频道电视套餐的价格为60美元/月，而奈飞在流媒体业务上线之初，则以7.99美元/月的价格吸引了众多“掐线族”。对奈飞所售卖的虚拟数字商品而言，用户数达到一定规模后，服务于每个新增用户的成本非常低，因此用户数越多，奈飞的价格优势便越突出。同时，不同于传统电视台采取周播的方式，奈飞开创性地采用了整季播出的形式，让用户拥有一次性看完整季剧目的爽快感。传统有线电视受限于播放的平台和模式，很难推出相似的服务。

随着奈飞的成功转型和百视达的破产，华尔街高度认可了奈飞的流媒体业务模式，奈飞的估值也发生了剧烈的变化。由于奈飞的营收实质上全部由会员包月费用构成（有多种会员套餐，区别在于会员一次能租借DVD数量的多少），因此奈飞的价值取决于会员数和每位会员的月平均收入。随着奈飞转型流媒体的战略逐渐清晰，会员数呈现出数量级的增长，华尔街对奈飞的未来充满了期待，估值也不断地攀高。

纵观奈飞的发展，无论科技如何进步、商业模式如何变迁，本质在于迎合人们想“偷懒”的需求，想生活更加“舒适”的愿望，这也契合了商业需求导向的理念。奈飞商业模式的演化如图6-3所示。

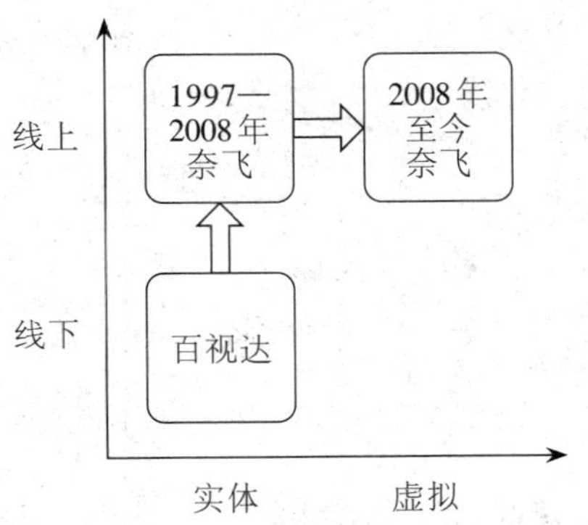

图6-3 奈飞商业模式的演化

6.2 由"一马当先"到"战国时代"

6.2.1 奈飞用户的三次快速增长

自2008年奈飞转型流媒体业务起，到2018年7月迪士尼成功击败康卡斯特（NBC环球的母公司）收购21世纪福克斯并控股Hulu（奈飞未来的主要竞争对手之一）为止，奈飞在接近11年内股价年复合增长率达57.5%，远超市场平均水平。在这11年时间里，奈飞出现了三段明显的上涨区间，分别是2010年二季度—2011年二季度、2013年一季度—2015年二季度、2018年一季度—2018年二季度，这三个阶段也正对应了奈飞在流媒体业务内中的崭露头角、羽翼渐丰与问鼎中原阶段。

（1）崭露头角阶段

自2008年引入流媒体业务后，奈飞迎来了新一次的快速成长，奈飞的订阅会员数增速从2009年的30.6%提高到2010年的63.1%。同时，奈飞在加拿大的海外扩张战略也提振了投资者的情绪。从整体而言，2007—2010年，奈飞在美国本土的订阅用户数大幅增长，其综合毛利率和净利率不断提升，如图6-4所示。"DVD租赁加流媒体"的商业模式在美国获得验证后，投资者预期奈飞有能力在广阔的国际市场获得更多用户，公司的未来具有很大的发展空间。

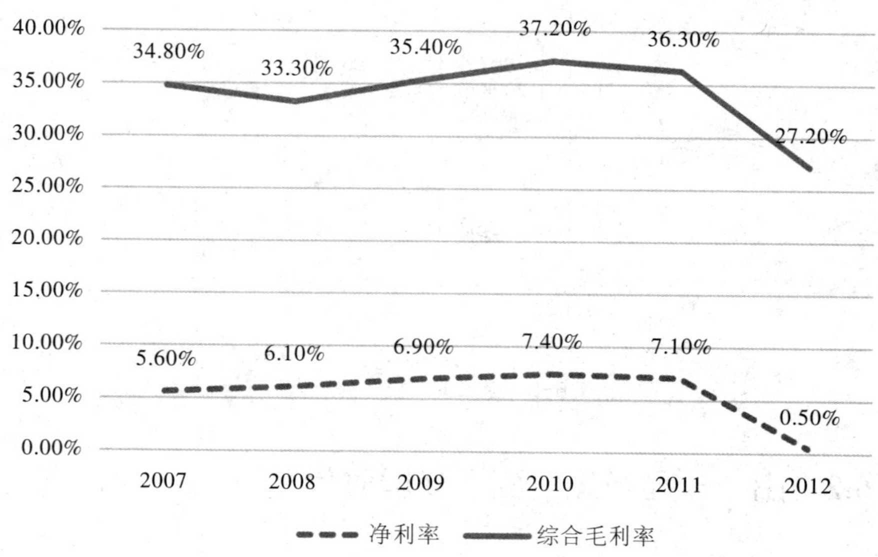

图6-4 奈飞综合毛利率和净利率

资料来源 奈飞公司公告.

2011年，奈飞的DVD租赁业务正处于黄金时期，而流媒体业务受限于软硬件等因素仍处于附属的地位。由于奈飞的流媒体服务与DVD租赁业务捆绑销售，不向非会员提供免费内容，所以奈飞给大众的印象更多是有了新业务的DVD租赁公司。虽然奈飞吸引了相当数量的“掐线族”用户，但未对资本市场明确展示自身的发展战略（继续深耕DVD租赁业务，或是押注流媒体业务）。资本市场在搞不清楚奈飞发展战略的情况下，对其的估值逻辑仍基于DVD租赁业务，即DVD租赁业务会员数与会费的关系。因此，该阶段奈飞的股价虽然从10多美元/股逐渐攀升到了30多美元/股，但没有数量级的变化。

然而在2011年三季度，奈飞做出了一项至关重要的决定，向资本市场传达出了押注流媒体业务的明确信号。具体来说，奈飞将DVD租赁业务与流媒体业务拆分，订阅会员原本每月支付9.9美元便可享受的两项服务，如今需各付7.99美元（相当于涨价60%）。消费者自然对奈飞的拆分举动大加声讨，奈飞的股价也随之大跌至2011年底的10美元/股左右。虽然奈飞的股价遭受了重挫，但仔细观察业务拆分后的付费会员数据，2011年购买奈飞DVD租赁服务的会员数为1 104万，购买流媒体服务的会员数为2 015万，而付费总会员数为2 400万（购买任一种服务或两种服务都购买）。这意味着购买流媒体服务的会员数（2 015万）占付费总会员数（2 400万）的八成以上，体现出用户对流媒体服务的旺盛需求，从数据上支持了奈飞业务拆分、押注流媒体的决策。

（2）羽翼渐丰阶段

从软硬件来看，2011—2012年，由iPhone4、iPhone4s、iPhone5引领的大屏幕触屏智能机浪潮与4G网络的铺开为每个用户随时随地观看视频提供了技术支持。从需求端来看，根据Leichtman咨询公司的统计，2013年美国付费电视用户数同比减少了0.1%，是多年来的首次下跌，如图6-5所示。

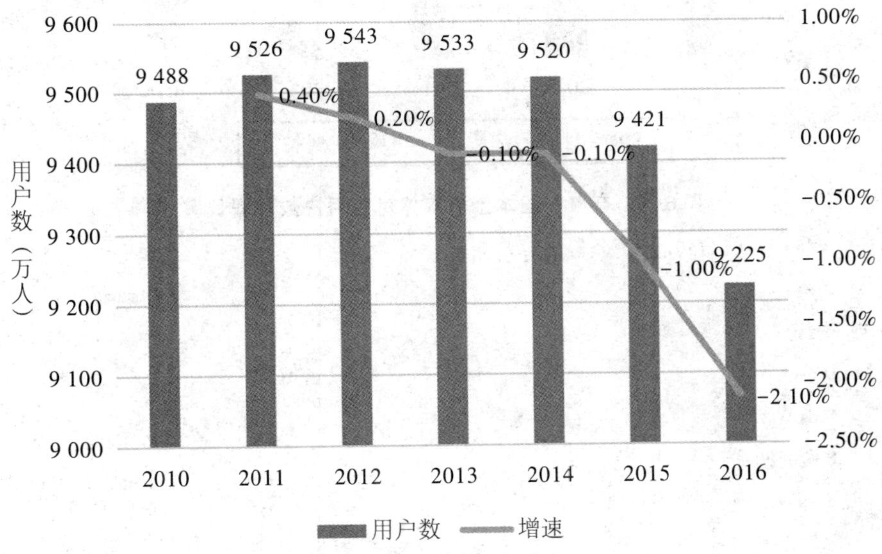

图6-5 美国付费电视用户数

资料来源 Leichtman Research Group.

凭借着需求风向的转变与软硬件技术的成熟，奈飞在美国本土的流媒体付费会员数从2012年2 547万增长到了2013年的3 171万（如图6-6所示），Hulu的用户也从2012年的150万增长到了2013年的500万，观众从付费电视转向付费流媒体大势已定。随着用户数量的增长，奈飞的收入也在发生变化。因之前的业务拆分，奈飞在2012年收入增速呈现断崖式下滑，但从2013年开始，奈飞凭借着流媒体业务的快速发展和供不应求的市场环境，不仅获得了会员数目的高速增长，还逐步提高了会员费（如图6-7所示）。

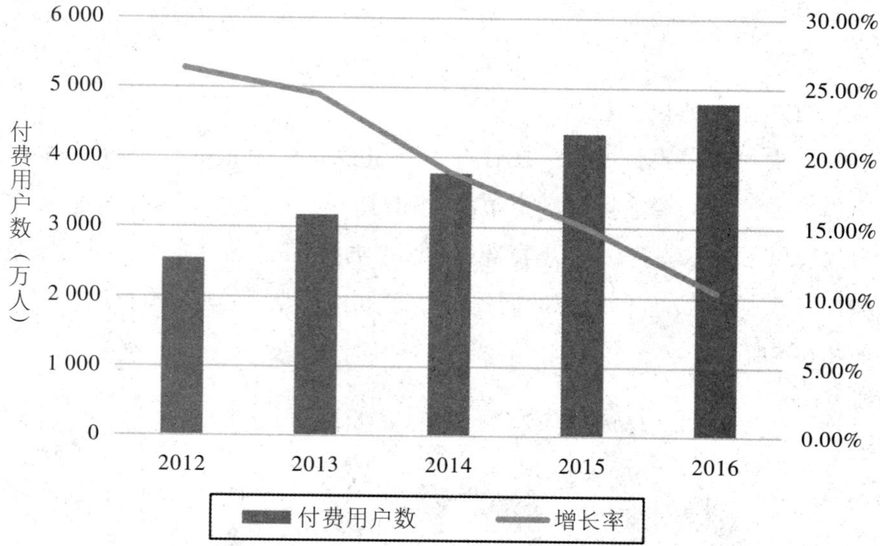

图6-6 奈飞美国本土流媒体付费用户数及增长率

资料来源 奈飞公司公告.

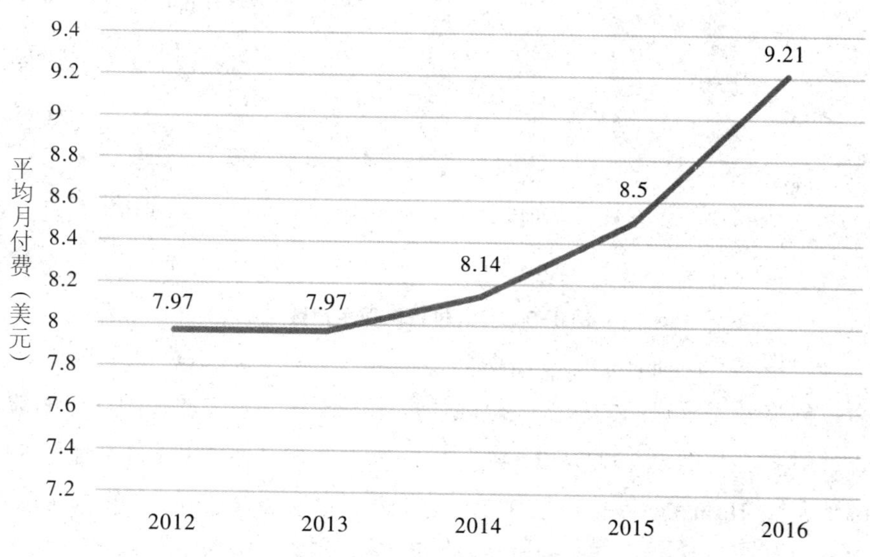

图6-7 奈飞美国本土流媒体平均月付费额

资料来源 奈飞公司公告.

奈飞从2014年4月开始，将美国本土新加入的会员会费从原来的7.99美元/月提升到9.99美元/月，而老用户拥有一年的涨价过渡期。由于此时资本市场对奈飞的估值逻辑已经转变为关注其流媒体会员数与会费，在会员数与会费均连创新高的情况下，奈飞的收入增速逐步回升（如图6-8所示），股价则逐渐攀升至100美元/股的关口。

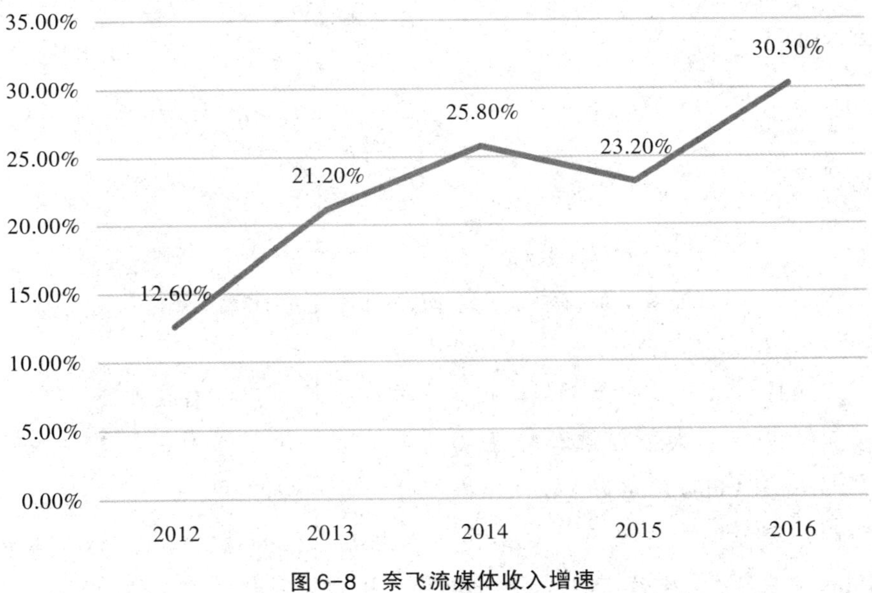

图6-8 奈飞流媒体收入增速

资料来源 奈飞公司公告.

（3）问鼎中原阶段

从2016年起，奈飞每年在内容上的投入节节攀升，均超过50亿美元，构建起了优于竞争对手（Hulu、HBO、Amazon）的内容库。随着内容库的愈发丰富，“规模效应”在奈飞身上愈发明显。在宏观层面，从2017年起，奈飞的流媒体收入增速超过流媒体内容的现金投入增速（如图6-9所示）；在微观层面，奈飞的每用户平均收入增速也开始超过每用户平均内容成本增速。上述现象的内在逻辑是，版权商对奈飞收取版权费时是按年计费，而不按观看的人数计费。因此，在奈飞达到版权费与会费之间的最低平衡之后，每多接入一个用户所付出的成本远远小于其带来的收入，这是知识产权商品与普通工业产品之间最大的区别。

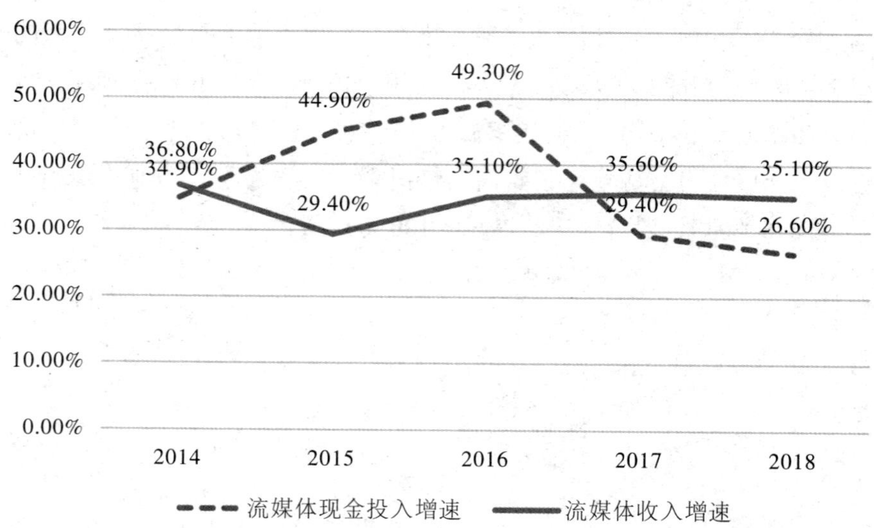

图6-9 奈飞收入增速与现金投入增速比较

资料来源 奈飞公司公告.

同时，奈飞进一步增强了自身在视频推荐与视频播放领域的技术优势。奈飞的大数据推荐算法从五个维度优化了原有的推荐系统：①Personal Video Ranker（个性化推荐排名）：根据用户的观看记录，分析用户喜爱的电影类型，并结合当下潮流进行推荐。②Top-N Video Ranker（全平台推荐排名）：不再局限于用户喜爱的电影类型，而是以用户许多更细小的特征对全影片库的影片进行排名推荐，为用户发掘新的兴趣点。③Trending Now（当下潮流）：帮助用户发现当下的热点视频。④Continue Watching（观影记录）：帮助用户追剧。⑤Video-Video Similarity（同类推荐）：帮助用户发现与当前观看视频相似的视频。在算法加持下，奈飞有80%的观看流量来自推荐，有效地降低了获客成本。

在视频播放领域，奈飞应用了流媒体带宽节省技术，新技术优化了视频压缩与画质之间的平衡，在为用户节省20%带宽的同时，提高了画面质量。新技术也能根据用户的网速快慢而自动选择视频压缩方式，对具有复杂场景的动作电影会以更高的码率传输，而对构图简洁明了的动漫视频则以较低的码率传输，尽量保证所有用户视频传输的稳定性。

奈飞的内容优势与技术优势奠定了其行业龙头的地位。根据尼尔森公布的数据，奈飞从2014年起一直稳居美国家庭流媒体渗透率（至少使用过一个流媒体网站的家庭比率）榜首，并与第二位亚马逊、第三位Hulu有着较大的距离，如图6-10所示。同样，奈飞在美国本土的订阅用户数也远远超过了亚马逊与Hulu，如图6-11所示。

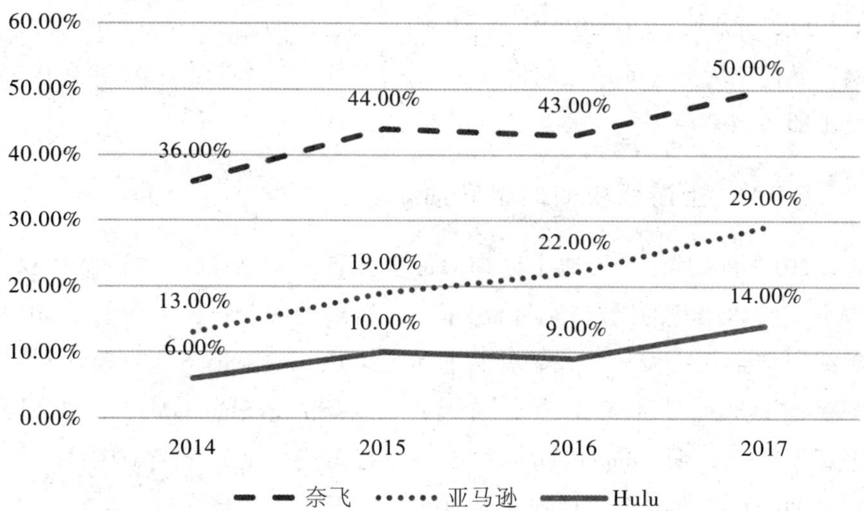

图6-10　美国主要流媒体网站家庭渗透率

资料来源　尼尔森.

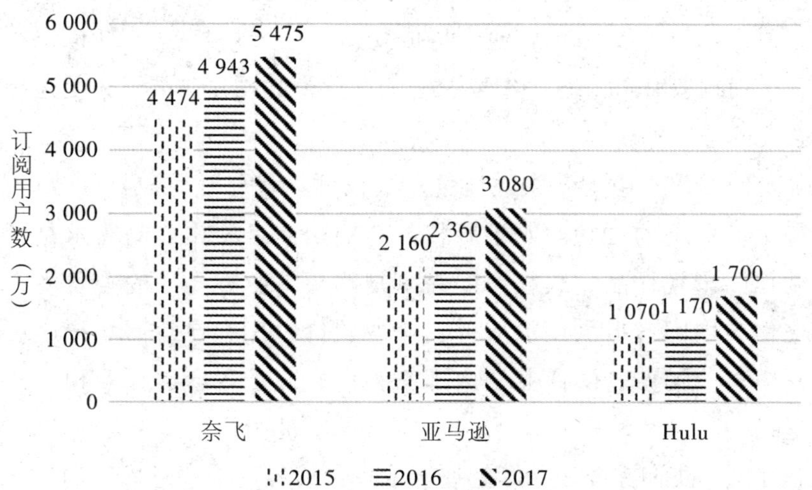

图6-11　美国主要流媒体网站用户数

资料来源　尼尔森；Consumer Intelligence Research Partners.

奈飞在美国本土验证了其商业模式的可行性后，继而向资本市场抛出了海外市场的美好愿景。在2017年到2018年初，奈飞的全球会员数增速屡创新高，并预期未来仍将保持着两成以上的美国本土会员增速和四成以上的海外会员增速。资本市场普遍期望着来自海外的下一轮会员增长与会费涨价，因此奈飞的股价在6个月内从191.96美元/股猛增至411.09美元/股，并在2018年5月市值首次超越迪士尼，一时间风光无两，然而家大业大的迪士尼也没有闲着，一场针对奈飞商业模式命脉的反击即将到来。

6.2.2 上游版权商的釜底抽薪

2017年8月，时任迪士尼CEO的罗伯特·艾格在宣布将推出两种数字流媒体服务的同时，又给出了一个重要的细节：迪士尼将于2019年终止与奈飞的授权协议，并将迪士尼动画、皮克斯电影以及迪士尼图书馆的电视节目移出奈飞。5天后，奈飞宣布Shondaland制作公司将加盟奈飞，而Shondaland制作公司一直是迪士尼旗下的美国广播公司（ABC）的重要合作伙伴。又过了一个月，罗伯特·艾格宣布将从奈飞撤下漫威和卢卡斯影业内容，如《星球大战》等。在短短一个多月内，迪士尼和奈飞之间爆发了一连串激烈的攻防战，而这仅仅是序幕，真正的高潮是一年后迪士尼成功击败康卡斯特收购21世纪福克斯，进而控股Hulu。这一精彩纷呈的产业链并购攻防战，正是迪士尼对奈飞的釜底抽薪。

我们在前文中提及奈飞通过对版权付年费与对用户收取会员费，获得了商业上的成功。对于版权商与用户而言，用户的需求是版权商制作的影视作品，版权商的需求是购买其影视作品的消费者，而奈飞作为中间商提供渠道服务、赚取差价，三者自然而然形成了生产—销售—消费者的商业链。那么为什么迪士尼会选择重构这条商业链呢？

首先，我们需要简单了解迪士尼在影视界近乎“恐怖”的行业地位。在21世纪的头十年，全球电影排行榜TOP10有9部来自迪士尼。在完成对21世纪福克斯的收购后，2018年迪士尼占全球的票房份额高达22%，更无须提及迪士尼近百年来手中握有的IP数量。从并购理论出发，纵向一体化能够降低上下游之间的交易成本，提升一体化后整体的收益，同时，内容整合与分发也比单纯的内容制作利润率更高。因而，在2016年市场上曾有迪士尼欲收购奈飞但奈飞高层并不愿“卖身”的传闻。迪士尼在尝试收购奈飞失败后，便采取了“购买+自建”的发展策略，首先对奈飞进行“断供”，其次控股了Hulu，并搭建了ESPN+和Disney Play，见表6-1。

表6-1　迪士尼三大流媒体平台

平台	针对用户	节目	单月价格（美元）	2018年订阅用户数
ESPN+	体育用户	提供上万场棒球、橄榄球、网球等体育赛事现场直播	4.99	约220万
Disney Play	家庭用户	提供迪士尼、皮克斯、漫威、卢卡斯影业影视资源	8.0 ~ 14.0	—
Hulu	多种人群	承接迪士尼和福克斯发行的R级和成人内容	7.99 ~ 11.99	2 300万

资料来源　Statista.

虽然迪士尼打出了一套组合拳，但奈飞凭借其内容库的多样性，短时间内并没有受到严重的影响，然而迪士尼的举动无疑刺激了奈飞与其他版权商。首先，奈飞向上游，即Shondaland制作公司发起了收购，增强了自身的原创能力。其次，奈飞为购入版权收购了漫画出版商Millarworld等公司，填补迪士尼撤回版权后的内容空缺。在奈飞向上游拓展的同时，其他版权商也在依靠各自的版权资源建立自有的流媒体平台，AT&T、亚马逊Prime Video、Comcast（NBCU）、苹果Apple TV+等多家流媒体平台都在2020年底前正式推出。截至2020年底处于下架边缘或者已经下架的剧集有The Office、Friends、Parks and Recreation、Grey’s Anatomy、New Girl，从奈飞按用户观看时长比例的剧集排名（见表6-2）中可以看出，若版权商为自有平台而对奈飞断供的话，奈飞将面临极大的风险等。

表6-2　2018年奈飞按用户观看时长比例剧集排名 TOP10

剧名	用户观看时长比例	版权归属方
The Office	0.0719	NBC
Friends	0.0413	NBC
Parks and Recreation	0.0234	NBC
Grey's Anatomy	0.0211	Disney
New Girl	0.0165	Disney/Fox
Supernatural	0.0118	CW、CBS、AT&A
That 70s Show	0.0117	Fox、Netflix
Criminal Minds	0.0117	CBS
NCIS	0.0109	CBS
Arrested Development	0.0084	Fox、Netflix

资料来源　奈飞公司公告.

6.3 奈飞的未来

分析奈飞未来发展的关键在于分析公司的内容资产。如果内部制作的内容完全按成本摊销后，仍能继续提升订阅用户数和留存率（如《权力的游戏》这样的热播剧所带来的持久热度），那么奈飞的资产负债表很可能严重低估了这些资产。这是因为奈飞的投资资本与一般公司不同，我们必须将内容资产作为奈飞投资资本的一部分，因为PPE（厂房、财产和设备）没有充分反映奈飞维持和提升其盈利能力的实际资本支出。有了足够多的内容资产，奈飞可能会通过减少未来的内容支出、降低收入成本（类似于销货成本）来继续提高运营利润率，这将增加毛利率，并流向自由现金流。从理论上讲，在奈飞上花更多时间的用户更有可能继续付费订阅，也更有可能对未来的价格上涨做出积极回应。然而，这是在假设奈飞生产的新内容能够满足订阅者对新内容要求的前提下做出的，这使得用户流失和客户满意度成为奈飞的主要风险之一。2020年，各大媒体公司都在开发自己的流媒体服务，整个媒体行业都在发生变革，来自迪士尼、苹果、华纳传媒和其他公司的日益激烈的竞争可能会阻碍奈飞用户的增长。几乎奈飞的每一个主要竞争对手都拥有着有趣的混合业务（电影公司、连锁影院、娱乐公园等），这些混合业务给奈飞的竞争对手带来了独特的优势。

多年来，奈飞在不断重塑着媒体行业，并在此过程中转变为数百万家庭传统付费电视的替代产品。自2011年以来，奈飞每年在授权和原创内容上花费数十亿美元，以提升其内容质量。为了支付日益增加的内容制作费用，奈飞至今仍背负着150亿美元的债务。多年来，对奈飞持怀疑态度的分析师们频繁指出，奈飞不断增加的债务负担应该引起投资者的担忧，因为奈飞在内容制作方面的支出激增，烧钱越来越多，但另一些保持乐观的分析师们则指出原创内容的成本并没有毁掉奈飞。随着奈飞的发展，拥有传统付费电视的美国家庭数量已从2012年的1亿户峰值降至如今的7 500万户左右。媒体高管们正在为未来五年内这一数字降至5 000万至6 000万户做准备。2011年1月，奈飞的市值为115亿美元。如今，这一数字已超过2 200亿美元。由新冠肺炎疫情导致的制作停滞以及隔离情况，共同推动奈飞在2020年恢复了正现金流。疫情期间，世界各地的许多人都待在家里，奈飞在2020年增加了3 657万订阅客户，但在内容上的支出却比往常少。2020年，奈飞实现了自2014年以来首次连续三个季度正的季度自由现金流。用户数量的增加以及大多媒体公司转向流媒体的趋势，让奈飞的CEO有了信心，认为奈飞将能够限制用户流失，开始持续盈利。一个未知的问题是，投资者将如何回应奈飞商业战略的转变。奈飞股价的持续性上涨使投资者愈发认为奈飞不需要外部债务和股票回购就能可持续地运营。奈飞的CEO在电视电话会议中提出要将奈飞打造成为一家规模更大、盈利能力更强的自筹资金公司。可以预见的是，奈飞烧钱的时代已经过去。眼下，奈飞的管理层需要提供给投资者一个新的商业战略，来说服投资者奈飞未来的增长是值得公司的高估值的。也许新的商业战略将彻底颠覆以奈飞为中心的流媒体服务捆绑销售的付费电视模式。

6.4 剩余收益法估值

我们将基于剩余收益法对奈飞进行估值。在这里我们将介绍一些公开的、可免费获取的数据来源，以方便读者在熟悉剩余收益法后对其他感兴趣的公司进行估值。在使用剩余收益法前，需要获得的财务参数有：β、R_m、R_f、EPS、DPS、BPS。其中，当年的EPS、DPS、BPS可以通过在估值公司的官网上查询年报获得。

然而，因为β、R_m、R_f三项参数源自资本市场，所以从单家公司的年报中很难找到对应的数据。一般而言，上述三项数据可以通过Bloomberg或Wind等专业金融资讯服务商查询获得，但非专业人士通常不具备上述资源，因此我们将介绍一些可靠的公开数据网站供非专业人士查询使用。例如，雅虎财经（Yahoo Finance）是一个重要的公开数据网站，有着多维度的财务及市场数据。在雅虎财经的交易信息一栏内，我们可以查询到5年期以月度数据测算的β值。当然，也有其他一些公开数据网站提供β值，在这里不再举例。

相比于β值，市场收益率与无风险收益率则较难从公开渠道获取，我们将介绍两个公开的数据源，并简单讲述其估计R_m和R_f的方法。首先，我们介绍Market-Risk-Premia.com网站[①]，该网站提供了全世界各个主要资本市场长期的月度内含市场收益率与无风险收益率，并提供了详细的理论背景论证与文献支持。该网站采用的内含估计法是标准现金流折现估值模型的衍生，下面举一个简单的例子加以说明。假设股票的价值由未来每年的股利D_1、股利的增长率g和资本成本k所决定，那么股票的价值为：

$$V = \frac{D_1}{k - g} \tag{6-1}$$

① http://www.market-risk-premia.com/market-risk-premia.html.

因此，内含的资本成本为：

$$k = \frac{D_1}{V} + g \tag{6-2}$$

再由资本资产定价模型可知，市场风险溢价为：

$$\text{Market Risk Premia} = \frac{1}{\beta} \times \left(\frac{D_1}{V} + g - R_f\right) \tag{6-3}$$

在获取市场风险溢价后，该网站通过债券收益率曲线（Bond Yield Curve）进一步估计了无风险收益率。简单来说，如果存在具有低违约风险的零息债券，则可以在债券市场上直接观察其连续收益率曲线。由于零息债券的价格与相应利率的折现函数的值相同，因此可以直接获得相应的利率，因此，折现因子也称为零息债券价格：

$$P_t = \left[\frac{1}{\left(1 + z_{t,M}\right)^M}\right] \times N \tag{6-4}$$

以上仅仅是对该方法的简要描述，具体操作中则需要考虑非常复杂的情形，在这里不过多展开。

除了Market-Risk-Premia.com网站外，我们将介绍另一个公开数据源，该网站由纽约大学斯特恩商学院的金融学教授Damodaran所建立，提供最近的半年度市场风险溢价数据①，但相比于Market-Risk-Premia.com，其并不提供长期的数据。查询上述数据源获取数据后，获得十年期的β以及2020年底的R_m、R_f，分别为0.76、7.39%、0.68%%。在进一步查询未来三年EPS、DPS、BPS预期数据，设定剩余收益增长率g为1%后，我们使用剩余收益法计算奈飞在2020年年底的估值，即318.16美元/股，见表6-3。

在使用任何一种估值方法前，要详细了解估值方法的前提假设，对于剩余收益法而言，其三年预测期后至无穷的剩余收益由剩余收益增长率g来刻画，这是估值对远期收益不确定的妥协。在通常情况下，即估值公司是成熟型或蓝筹股时，上述假设是合理的，然而当估值公司是快速成长型时，上述假设就变得不太合理。因此，我们要合理地对上述假设做出调整。

① 网址为http：//pages.stern.nyu.edu/~adamodar/New_Home_Page/datafile/ctryprem.html。

表6-3 **奈飞剩余收益法估值** 金额单位：美元

时期	实际期	预测期T1	预测期T2	预测期T3
年度	2020	2021E	2022E	2023E
EPS	6.08	10.30	13.21	17.50
DPS	0.00	0.00	0.00	0.00
BPS	24.98	35.28	48.49	65.99
ROCE		0.41	0.37	0.36
RE		8.86	11.17	14.70
折现因子		1.06	1.12	1.18
RE现值		8.37	9.98	12.42
RE总现值	30.77			
持续价值				
CV现值	262.40			
每股价值	318.16			

我们可以看到，奈飞2021年、2022年、2023年的预测剩余收益分别为10.30美元、13.21美元、17.50美元。2022年相比于2021年增长了28.3%，2023年相比于2022年增长了32.4%。考虑到奈飞预测剩余收益增长率的变化情况，若将2023年相比于2022年的增长率设定为1%～5%，则与之前年份的剩余收益增长率相差过大。因此，我们假设增长率随时间发展的序列为等差序列，直至增长率降至1%～5%。表6-4为增长率降为1%的情况。

表6-4　　**奈飞剩余收益法估值（修正增长率情况）**　　金额单位：元

指标 \ 年份	2020	2021E	2022E	2023E	2024E	2025E	2026E	2027E	2028E	2029E	2030E
EPS	6.08	10.30	13.21	17.50							
DPS	0.00	0.00	0.00	0.00							
BPS	24.98	35.28	48.49	65.99							
ROCE		0.41	0.37	0.36							
RE		8.86	11.17	14.70	18.70	22.75	26.43	29.24	30.74	30.63	28.82
折现因子		1.06	1.12	1.18	1.25	1.32	1.40	1.48	1.57	1.66	1.75
RE现值		8.37	9.98	12.42	14.93	17.18	18.86	19.73	19.61	18.47	16.43
RE总现值	156.00										
持续价值											609.03
CV现值	347.23										
公司估值	528.21										

2020年5月底奈飞的股价为540.73美元/股，稍稍高于调整了增长率后的估值528.21美元/股。但我们也应当注意，528.21美元/股的估值中有347.23美元/股来自2030年后的未来收益的现值，占整体估值的65.7%；2023年后未来收益的现值472.5美元/股更是占整体估值的89.5%。一家公司八成以上的价值来自未来的不确定收益，这既是快速增长的表现，也存在着极大的风险。

6.5　案例小结

奈飞借助世纪之初的互联网浪潮起家，将线下的DVD租赁业务拓展至线上，不断地打磨自身的技术实力。在获得阶段性成功后紧跟行业内的科技发展趋势，通过二次转型脱胎换骨，更是开启了纵向并购的新旅程，将业务板块进一步向上游延伸，上演了后来者居上的传奇故事。奈飞在发展的过程中，不断深耕影视领域，善于将最新的科技与用户需求相结合，充分展现了互联网浪潮时代高科技公司的独有特征。在科技创新驱动经济发展的当下，投资者在选择投资标的时应侧重于公司的科技属性，着重观察其科技创新应用是否能真正给消费者带来价值，而不是宛如空中楼阁的创新。

若奈飞在一两年内能够利用消费者消费习惯的转变，抓住渠道的先手优势，那么预计奈飞将再次成功转型，成为互联网时代下能够与迪士尼、NBC等公司一较高下的产销一体的娱乐公司。即使奈飞的自由现金流在未来一两年内仍不能够由负转正，奈飞仍然可以通过与亚马逊、苹果或Alphabet等更富有、更大的企业合作，以维持其现金流，直到自身的业务进入可持续发展的良性轨道。可以预见的是，由于新冠肺炎疫情对消费者的消费习惯转变产生的加速效果，以及疫情短期内仍将继续在全球蔓延的趋势，奈飞的前景将变得愈发明朗可期。

参考文献

[1] 万斯．硅谷钢铁侠：埃隆·马斯克的冒险人生［M］．周恒星，译．北京：中信出版社，2016.

[2] 安翔．梅特卡夫模型在企业估值中的运用［D］．上海：上海国家会计学院，2017.

[3] 陈玉罡，陈奕诗，等．大数据与互联网公司估值Ⅱ：精选案例分析［M］．大连：东北财经大学出版社，2020.

[4] 陈玉罡，刘彧，莫昕，等．大数据与互联网公司估值：精选案例分析［M］．大连：东北财经大学出版社，2019.

[5] 达摩达兰．故事与估值［M］．廖鑫亚，艾红，译．北京：中信出版集团，2018.

[6] 柯克帕特里克．Facebook效应［M］．沈路，梁军，崔筝，等译．北京：华文出版社，2010.

[7] 工业和信息化部机关司局装备工业司．新能源汽车产业发展规划（2021-2035年）（征求意见稿）［EB/OL］．［2020-10-28］．http：//www.miit.gov. cn/n1146285/n1146352/n3054355/n3057585/n3057589/c7552776/part/7553095.pdf.

[8] 佩因曼，林小驰，王立彦．财务报表分析与证券定价［M］．3版．北京：北京大学出版社，2013.

[9] 加洛韦．互联网四大［M］．郝美丽，译．长沙：湖南文艺出版社，2019.

[10] SZALAI G.When will Netflix finally end its cash burn?［EB/OL］．［2020-

10−28]. https：//www.hollywoodreporter.com/news/will-netflix-finally-end-cash-burn−1250782.

[11] SZALAI G.How Netflix reached positive quarterly free cash flow for the first time in years [EB/OL]. [2020−10−28]. https：//www.hollywoodreporter.com/news/how-netflix-reached-positive-free-cash-flow-first-time-years−1290496.

[12] IEA.Electric vehicles [EB/OL]. [2020−10−28]. https：//www.iea.org/reports/electric-vehicles.

[13] TESLA.Events & presentations upcoming events [EB/OL]. [2020−10−28]. https：//ir.tesla.com/events-and-presentations.

[14] WIKIPEDIA.History of Apple Inc [EB/OL]. [2020−10−28]. https：//en.wikipedia.org/wiki/History_of_Apple_Inc.

[15] WIKIPEDIA.History of Netflix [EB/OL]. [2020−10−28]. https：//en.wikipedia.org/wiki/Netflix#History_2.

后 记

ValueGo金融科技实验室成立3年来取得了不错的成绩：第一，我们撰写了3本书；第二，我们获得了很多科研基金的支持；第三，我们的教学模式得到了学生和价值投资领袖班学员的认可；第四，我们2018年组建的实盘实验基金收益率超过了50%，而且我们已经完成了3次每两年收益率超过30%（从2014年开始）的实盘策略验证；第五，我们开发了ValueGo100价值指数、V10稳健策略和V10保守策略；第六，我们开发了量化基金经理能力的基金诊断系统，实盘策略被天天基金网列入优秀水平。

在前两本书里，我感谢了很多人。在这本书里，我仍然要感谢他们，包括倡导价值投资的巴菲特先生、《财务报表分析与证券定价》的作者佩因曼教授，把“财务报表分析与证券定价”这门课的授课任务交给我的汤光华老师，还有选这门课的学生们、ValueGo的用户和价值投资领袖班的学员们，还要感谢CCTV（大家不要笑，是真的）。我在前言里也说了，2017年ValueGo推出时央视财经频道专门为我们制作了20分钟的报道，并在《投资者说》节目播出。

我最想表达衷心感谢的是ValueGo金融科技实验室的团队核心成员冯伟、王斌、王健、秦丽、刘彧、黎江、卢思琳，创业是异常艰难的，没有他们的辛勤付出、不离不弃的支持和智慧的光芒，我们也不可能走到现在。

我还要感谢为ValueGo付出过心血的工作人员和实习生，包括傅豪（“价值投资领袖班”组织者之一）、曹攀峰（上海证券报记者）、黄雅洁（央视财经记者）、苏照宇（央视财经摄影师）、冯嘉慧、杜杏琳、陈俊杰、张璇、胡力丹、覃玥、张扬帆、严斯虹、洪怡柔、林泝恒、张梓煜、周小力、莫昕、叶青青、陈奕诗、周俊江、钟姿华、熊晨希、吴凌宇、凡振华、向茜、鲁济华、陈美锦、廖宗锋、刘逸舜、冯舒婧、包梦倩、刘伟、郑琳，每一个人都在推动着我们的成长。

最后，感谢中山大学为我们提供了一个广阔的舞台，让我们得以迅速成长，同时感谢国家自然科学基金面上项目（71972191）、国家自然科学基金科学中心集成项目（U1811462）、广东省自然科学基金项目（2019A1515011394）、中山大学2019年度“三大”建设专项培育项目（文科重要成果培育专项）的资助。

陈玉罡

2021年8月